小狗经济学

［英］丽贝卡·坎贝尔
(Rebecca Campbell)
安东尼·麦高文
(Anthony McGowan)
著

符白羽 译

How to Teach
Economics
to Your Dog

中国原子能出版社 中国科学技术出版社
·北 京·

北京市版权局著作权合同登记　图字：01-2023-1169。

图书在版编目（CIP）数据

小狗经济学 / （英）丽贝卡·坎贝尔
（Rebecca Campbell），（英）安东尼·麦高文
（Anthony McGowan）著；符白羽译 . — 北京：中国原
子能出版社：中国科学技术出版社，2023.11
　书名原文：How to Teach Economics to Your Dog
　ISBN 978-7-5221-2921-1

　Ⅰ . ①小… Ⅱ . ①丽… ②安… ③符… Ⅲ . ①经济学
—通俗读物 Ⅳ . ① F0-49

中国国家版本馆 CIP 数据核字（2023）第 161591 号

文字编辑	褚福祎	责任编辑	付　凯	
策划编辑	褚福祎	版式设计	蚂蚁设计	
封面设计	马筱琨	责任印制	赵　明　李晓霖	
责任校对	冯莲凤　凌　雪			

出　　版	中国原子能出版社　中国科学技术出版社
发　　行	中国原子能出版社　中国科学技术出版社有限公司发行部
地　　址	北京市海淀区中关村南大街 16 号
邮　　编	100081
发行电话	010-62173865
传　　真	010-62173081
网　　址	http://www.cspbooks.com.cn

开　　本	880mm×1230mm　1/32
字　　数	192 千字
印　　张	10.25
版　　次	2023 年 11 月第 1 版
印　　次	2023 年 11 月第 1 次印刷
印　　刷	北京华联印刷有限公司
书　　号	ISBN 978-7-5221-2921-1
定　　价	69.00 元

读者们，本书即将出场的角色是蒙迪（Monty）。他也许不是最耀眼的明星，但绝对有成为最佳配角的潜质。蒙迪是一只马尔济斯犬，我偶尔会不小心把它叫成马耳他猎犬，这种叫法简直错得离谱。虽然他也会像猎犬一样突然向某个对象发起攻击并穷追不舍，但马尔济斯犬其实是一种完全不同的犬类。它们应当被当成宝贝呵护，而不是被用来追咬隧道里的老鼠。我不明白为什么常常有人把马尔济斯犬当成"马耳他猎犬"，毕竟没有人会把蒙迪错当成一只马耳他兔或马耳他豚鼠。不过话说回来，你倒有可能会把他当成马耳他牌暖于筒。蒙迪身上雪白的毛摸上去特别软，刚洗完澡吹干后的样子像极了一个蒲公英球。可当他的毛发耷拉着的时候，却给人一副瘦恹恹、湿答答的模样，好像一个巨大的喷嚏在空气中定了形。蒙迪的眼睛底下泪沟的颜色似乎比以前更深了，可不就是睫毛膏被哭花了的样子嘛。你可以想象，他像是一个玩哥特摇滚乐的人正在经历一场情感危机，眼线涂得厚厚的，其他地方抹得却像患了白化病一样。马尔济斯犬的智力在犬类中不算最高的，但这个家伙的脸上写满好奇的表情，还经常歪歪小脑袋，给人一种在认真听你讲话的感觉。

蒙迪的外貌就介绍到这里，读者们更关注的其实是他的性格。如果你也养狗的话，我想你肯定和你的狗聊过天。聊天以亲昵和鼓励的语气为主，还会夹杂着指令："过来！坐着！不要追前面的邮递员了！"某些狗也许还会用他们惯用的"汪汪汪"的叫声或摇摇尾巴回应你，用不同的行为向你表达开心、平静、伤心和愤怒等情绪。有时，狗的想法会在你脑子里形成清晰的文字："那是什么？你想要块饼干？你现在就想要？"

蒙迪之所以不同寻常，是因为他十分善于表达自己的想法。他在散步时学到的内容被记录在了《小狗哲学》（*How to Teach Philosophy to Your Dog*）这本书中。在此过程中，蒙迪学会了表达想法的技能，并以此技能为基础掌握了辩证的方法。换句话说，蒙迪学会了如何通过谈话学习知识。

读者或许会持怀疑态度（怀疑主义正好是我刚才提到的书里详细讲过的主题）：一只狗到底能在多大限度上参与一场相对复杂的知识性讨论？如果你恰巧也这么想，我不妨给你举个例子。在小说《第三个警察》（*The Third Policeman*）中，伟大的爱尔兰小说家、幽默作家弗兰·奥布莱恩（Flann O'Brien）利用布朗运动——所有物质中分子的无规则运动，这个简单的科学事实来描述人骑自行车的过程。此时人的臀部和车座紧紧地贴在一起，已经到了如胶似漆、不分彼此的地步，自行车由此"产生"了很多类似于人的行为，比如在外面刮风下雪的时候，自行车喜欢靠在门厅里的暖气片附近。一只狗和他的主人之间当然也可以产生相似的经历。此时的蒙迪已用完晚餐，正依偎在我的膝头睡觉，我轻轻地抚摸着他。在这几个小时的时间里，从某种不可言喻的角度来说，蒙迪就是我，我就是蒙迪。所以在接下来的散步中，你完全可以自由发挥想象，讨论中的初级合伙人可以是化身为蒙迪的我，也可以是化身为我的蒙迪。

在我们的哲学课结束后，蒙迪显然并不满足。生活中处处有哲学：它有办法将你愚钝的理性之剑变得锋利；它是一个又一个构成了现实本质的生动故事，它还能指引你过上更加合乎道德的生活。然而不可否认的是，哲学并未将大部分真真切切的存在纳入讨论范围内，小到我们为了谋生每日的努力，大到何种社会结构才能将最大的福利带给数量最多的人。这是哲学对理解任何个体（包括人和狗在内）方面的巨大空缺。经济学的作用就是补上哲学的空缺，所以罗伯特·海尔布隆纳（Robert Heilbroner）才给他那本论述经济学史的经典著作起了个《俗世哲学家》（*The Worldly Philosophers*）的书名。是经济学把我们这些哲学家猛地拍清醒了，将我们的关注点从高高的云端转移到了坚实的地面。

我们的生活中总是充斥着各种错综复杂的经济力量，它们是由商品生产和买卖产生的。这些经济力量决定着我们能过怎样的生活。当然，将所有人联结起来的还有藏在人们表面之下的人性，但现代生活中各种烦琐的细节，包括我们如何度过工作的每一天，我们的吃穿住行，我们的退休生活怎么过，都是由许许多多非人为的力量决定的。经济学是我们拥有的理解这些力量最了不起的工具（虽然作为一个哲学家，这话着实让我感到有点难受）。

本书作者之一丽贝卡·坎贝尔博士曾游刃有余地切换于现实世界和《小狗哲学》展现的世界之间。现在，她将通过一系列轻松的课堂向蒙迪，并通过蒙迪向我和读者解释经济学。虽然写本书的初衷是把它作为一本经济学的入门读物，但实际上，它与经济学专业的课程设计基本一致。本书与经济学导论课一样可大致分为两部分，第一部分讲微观经济学，第二部分讲宏观经济学。别急，上述概念会在书中得到一一解释。这里说的微观指的是小的方面——个人做出与经济相关决定的原因和后果；宏观指的是大的方面，比如利率和政府支出在内的政府和国家银行政策。

经济学和政治学之间显然有着紧密的联系。与经济相关的决定产生政治后果，反之亦然。因此需要指出的是，我和坎贝尔博士的合作是建立在两人观点的巨大分歧基础上的，这和婚姻成功的秘诀是一个道理。坎贝尔博士信奉市场和资本主义制度。她认为，市场和资本主义制度改善了数十亿人的生活。当然她的观点也在现实中得到了某种程度上的验证。我则算是一个带有马克思主义倾向的人。身体中挤满我的个性的蒙迪将会向坎贝尔博士支持市场的某些论断发出挑战。不过，经济学的核心始终是对市场如何运转的研究，这正是本书的主题。

在这里还得赘言几句我和坎贝尔家的家庭经济状况。经济学家们喜欢运用实例来解释晦涩的概念。最有名的（即使像我这样的非经济学人士都听说过）要数亚当·斯密在其著作《国富论》（*The Wealth of Nations,* 1776）第一章中讲到的大头针的实例。你可能压根没有想过大头针是如何制作的。即使你想过，说不定也会认为这是一个相对简单的过程。书中是这样写的："一个人抽出铁丝，另一个人将其拉直，第三个人将其切断，第四个人将铁线的一端削尖……"直到工人完成 18 个分工明确的步骤，整个工序才算结束。每个贫穷的苦工只做手头的工作，仅此而已。

虽然这种专业化的流程很可能会剥夺制作大头针本身带来的乐趣，但同时也意味着生产效率的极大提升。据亚当·斯密估算，10 个工人一起工作的话，每天可生产出 4.8 万枚大头针。一个工人单独工作的话，只能生产出 20 枚大头针。谁会阻止如此大的进步呢？

夫人撒切尔（你或许已经猜到了，坎贝尔博士和我对她持相左的观点）喜欢将管理国家经济比作管理家庭预算，两者都需要平衡收入与支出，在不该花的地方省钱。但我认为，这种比较毫无道理可言，管理国家经济和管理家庭预算完全是两回事。不过话说回来，专业化确实在两者中都扮演了某种角色。

在我家，每个人都各司其职。女儿罗茜（Rosie）是家里的开心果，总是有用不完的精力和热情；儿子加布（Gabe）却会用寥寥数语让气氛一下子冷却下来。我的妻子坎贝尔博士是持家的好手，负责支付各种费用，确保这个家不会一团糟。蒙迪以狗狗特有的方式让家里的一切都显得充满爱意。通常来讲，我的工作是在屋子里四处转悠，把其他人没关的灯给关上，还会根据自己琢磨出来的严谨的科学原理或古怪的理论将洗碗机里的餐具重新摆放整齐。对了，还有带蒙迪出门散步。其他人可不愿意干这个活儿。在长时间的散步中，《小狗哲学》的写作素材就这么产生了。不过现在坎贝尔博士接手带蒙迪散步的任务后，我也就该退出了。你仍然可以尽情地想象我在以某种神秘的方式藏匿在蒙迪的脑袋里。我也不知道马克斯［我指的是格劳乔·马克斯（Groucho Marx）］究竟有没有说过，除了狗，书是人类最好的朋友，而狗的身体里光线太暗，没法阅读。

目录 CONTENTS

第一次散步

烤面包机

本次散步的话题是一个人尝试制造烤面包机的过程能向我们传递市场甚至是整个经济运行情况的信号。

早餐像往常一样乱成了一锅粥，每个人都不想好好吃饭。我的丈夫，麦高恩，那位哲学家对制造混乱十分在行，好比一只背着壳的蜗牛，所到之处一片狼藉。打个比方，要是将拔出安全栓后的手榴弹扔进厨房，你想想会发生什么？难不成还能做个蛋糕？罗茜和加布在为谁必须得坐在厨房里的那张破椅子上而争吵不休。罗茜又吵赢了。只要是比谁的意志力更强，她总是赢家。加布闷闷不乐地一屁股坐在烤面包机旁，将几片厚厚的面包使劲儿塞进烤槽里。几秒钟后，烤面包机开始冒烟，随着砰的一声，电源灯灭了。

"别慌！"哲学家大叫。能从他的声音中听出他很慌乱。他的动手能力不怎么样，但至少知道把烧坏的保险丝接回去。他一边在大衣柜里摸索开关的位置，嘴里一边骂骂咧咧地咕哝着什么。可今天，扳开关不管用了。

"烤面包机坏了。双锂水晶被电离双糖的碳化碎片污染了。"他说，反正差不多是这么个意思吧。我假装在听他讲话。接着，他说出了我们全家人都特别讨厌的一句话:"我去拿工具箱过来。"加布发出了抱怨声,罗茜呜呜地哭了起来,我则把脸埋在手心里。蒙迪跑进卧室,把自己藏在枕头底下。

半小时后,烤面包机全散了架。整个厨房看上去像电影《疯狂的麦克斯》(*Mad Max*)里的垃圾场。

我对蒙迪说:"蒙迪,走,咱们散步去。"

今天散步的时间没有平时在公园里的时间长。我俩漫步在西汉普斯特德(West Hampstead)安静的街头,秋日的阳光倾洒下来,好不惬意。哲学家发明了一个自称为"树篱版俄罗斯轮盘"的游戏,而秋天正是玩这个游戏的季节。游戏的规则是,把所有长在树篱边,和我们能进入的花园里的大小水果随机摘下来吃掉,不管它们叫什么名字。他是这样想的:反正咬一口浆果又不会有生命危险,就算尝起来感觉有毒,也能立马将它吐出来。最要命的一次,他以为自己咬的是一个没有成熟的桃子,但其实那是露在核桃外面的果肉。他开始痉挛起来,赶紧把东西吐了出来,说感觉自己在舔荨麻叶子上的尿,当然他没有因此丧命。我肯定不会参与这种游戏,不过我从中悟出了一个道理,那就是作为一门学科,经济学比起哲学有着明显的优势。

我开口说话了:"好啦,蒙迪,咱们来谈谈烤面包机吧。"

蒙迪扬起了眉毛。他确实是有眉毛的。这样来看的话,他还长着一点淡淡的胡子。他的眉毛和胡子都特别会说话，有意思吧。

"我认为你说这话是在举个例子或是在打某种比方，而不是在分析谁该为弄坏的烤面包机负责，对吧？"①

"我都不知道该怎么回答了。咱们不妨把我刚才的话当成导入经济学讨论的一种温和的方式。"

"你可真狡猾。"

"在说到烤面包机之前，咱们先来简单了解一下经济学的定义。从广义上来说，经济学是指研究人们如何做出决定以及这些决定如何影响社会的科学，包括交易以及人们如何对激励做出反应。经济学重点研究的是市场如何运转。如果市场无法运转……"

"你指的该不会是卡姆登市场②吧？罗茜总去那儿买马丁靴，哲学家喜欢到那家卖唱片的摊位淘一些限量版黑胶唱片。"

"我指的市场可不止这家。市场是人们将商品或服务与货币进行买卖交换的线上或线下的任何场所。不过卡姆登市场的确是个典型的例子。正因为有了为交易提供便利的机制、机构和基础设施，市场交换才成为可能，这一点很重要。这一机制是使卡姆登市场的商业活动得以正常运转的润滑剂，同时也有助于形成更

---

① 本书正文中所有仿宋字体语句均为小狗蒙迪说的话。——编者注
② 位于伦敦北部的最有活力的跳蚤市场之一，其历史可追溯到 18 世纪，现在已发展为朋克和另类文化的代表。——译者注

广泛的市场概念。咱们在以后的散步中会重点讲到这一点。"

"能不能先给点提示，你要讲的是……"

"货币，还有监管商业交易的法律体系，以防有人不劳而获。"

"我还以为你把那块奶酪蛋糕吃光了！"

"咱们不说这个行吗？我把剩下的奶酪蛋糕全给哲学家吃了……我说了，待会儿会详细讲解市场概念。在讲解之前，咱们暂且把经济学看成是对市场的研究以及市场是如何成功运转和运转失灵的。"

"听上去有点狭隘。"

"那是因为你对市场的定义和重要性的看法是有限的，这也正是我想和你说说那台烤面包机的原因。"

"圆得漂亮。好，请开始。"

"几年前，一个名叫托马斯·思韦茨（Thomas Thwaites）的设计师决定从零开始制造一台烤面包机。他想，又不是要造出一个人形机器人或超级计算机，一台烤面包机而已，还能难到哪儿去？"

"让我猜猜，进展并不顺利？"

"思韦茨制造烤面包机的尝试成了一个可笑的灾难。他先是买了一台市面上最便宜的烤面包机（花 3.99 英镑在阿尔戈斯 ① 买

① 英国著名的百货零售连锁商。——译者注

的）。接着，他准备把它倒着装回去。拆机后，思韦茨发现这个看似简单的电器原来包含了 400 个组件，由 100 多种不同的材料组成。虽然无法确定所有原材料的来源，但他还是努力找到了其中的 5 种：铁、云母、塑料、铜和镍。别忘了，他可是个有才华的设计师，比我们中的大多数人都懂技术活，至少应该能做出个差不离的样子吧。"

"哦不，我预测他遭遇了惨败。"

"确实是惨败。思韦茨做出来的烤面包机看起来像某种基因突变后的海洋生物。他只开机过一次。烤面包机还真的运行了 5 秒钟左右，然后电热元件开始熔化。制造这台烤面包机总共花了 1187.54 英镑。我们从中学会的道理是：哪怕天赋再高，任何人都无法想当然地在没有其他人的帮助下做出烤面包机。这一道理也适用于其他家用电器的制造。然而，市场却是台帮助人们把事情办成的复杂精密的机器，能将零零碎碎的东西拼凑到一块儿，做出烤面包机。当然不仅是烤面包机，市场创造的五花八门的奇迹在整个现代生活中无处不在。我们可以走进西汉普斯特德（West Hampstead）的任何一家咖啡馆，点上一杯咖啡。没人会提前知道你准备点一杯咖啡，可那杯咖啡就在那儿等着你。咖啡豆是在哥伦比亚种植的；牛奶是由德文郡（Devonshire）养殖的奶牛生产出来的；纯净水曾经过了几百公里地下管道的过滤；白糖是从东英吉利亚（East Anglia）种植的甜菜中提取的；制作卡布奇诺的巧克力来自从西非运来的可可豆。"

"等等。你应该知道要是哲学家在的话会说些什么。他会说，烤面包机也好，咖啡也好，巧克力也好，所有这些让人愉悦的东西都是以隐藏的成本为代价的。这些东西之所以便宜，是因为那些采摘豆子的人拿到的报酬很少。有的人通过榨取别人的血汗和收入富得流油。而且我们不是还付出了巨大的环境代价吗？"

"他总能说到点子上。我们并不是要对市场体系和国际贸易的弊端视而不见。市场使广泛的合作成为可能，从而为人类带来福祉和巨大的进步。市场体系显然不是完美的。要应对其弊端，首先要理解这一无比复杂的机器，只有这样我们才有修复它的希望。思韦茨或许并不能通过拆机的方法重新做出一台烤面包机，但他很有可能在不烧坏保险丝的前提下修好其他人的烤面包机。"

"有人会说，既然市场对于我们过上富足的生活来说如此重要，政府就应该尽可能地减小规模，不要对市场进行干预。我个人比较倾向的解释是，我们都是集体制度（市场体系）的一部分，因此我们应当尽量减少市场体系带来的某些不可避免的不平等现象。"

"我觉得市场体系的运行有点儿像养狗的过程……"

"啊，又来这套了。"

"市场体系无疑是有好处的，人人都感到生活变得更好、更幸福、更充实、更富裕了。但市场体系也有其弊端……"

"微不足道！"

"下雨天还出门散步，捡狗拉的大便，在室内偶尔会发生点意外，时不时还会蹦出一两个跳蚤，虽然没什么大惊小怪的。"

"人无完人。"

"所以关键在于确保让尽可能多的人得到好处，坏处不会降临到少数倒霉的苦工头上，比如说我。"

"听上去有点强词夺理，不过好吧，你毕竟是在给一只狗上经济学课，这种事迟早会发生的。"

"我要说的是，我们的目标既不是将市场神圣化，也不是将市场妖魔化，而是对它有个正确的理解。想要继续深入研究，有的时候你得往后倒一倒。在接下来的几次散步中，咱们会探讨经济学的历史，认识一些卓越的经济学之父。直到20世纪才涌现出杰出的女性经济学家。虽然都有着耳熟能详的名字，这些经济学家却常常遭人误解。人们把经济学家的思想简单化或歪曲化，并给他们强加上他们本人不可能赞成的意识形态立场。在学完经济学发展史后，咱们会接着讨论微观经济学。它是经济学的一个分支，研究的是个体——既可以是以人为单位的个体，也可以是以家庭或公司为单位的个体——如何做出决定并在市场上进行交易。之后咱们还会讲到宏观经济学。它采用更为宏大的视角，围绕经济政策研究失业、经济增长和国际贸易等话题以及政府通过哪些方式为经济发展提供便利或阻碍经济发展。现在呢，咱们去这家咖啡馆，尝尝国际贸易网络带来的新产品，如何？"

第二次散步（上）

万物简史

本次散步的话题：第一部分我们讲到了经济学的定义，讨论了市场经济在历史上的发展。第二部分我们讨论了某些"大狗"的想法是如何发展成为经济学思想的。

我们第一次散步的地点是常去的戈尔德斯山公园里的树林。戈尔德斯山公园（Golders Hill Park）半挨着汉普斯特德希思公园延伸出去的一部分，景色迷人。我们通常会先经过几条繁华的大街，走着走着就到了穿梭在街区间的林荫小道。如果哲学家和我们在一块儿的话，肯定会显摆一番，说自己能分得清不同的鸟鸣声〔"那是只雄性棕柳莺，两岁，刚刚过完冬回来，嗯，听口音是来自乍得（Chad）"〕或认出了某种稀有菌类（"这只毒鹅膏尝起来像烧焦的杏仁，能使人迅速窒息和死亡，如果当成栓剂使用就不一样了，只会有轻微的刺痛感"），还会分辨动物粪便（"黄鼠狼留下的，比短尾鼬的粪便要小，而且味道像烧焦的杏仁，所以很容易区分"）。可惜的是他并不在现场，只有蒙迪、我和经济学相伴。

天空虽然飘着蒙蒙细雨，但还不至于非得待在室内不可。我把我俩裹得严严实实，还给蒙迪披上了一件防雨外套。蒙迪似乎觉得外套的颜色有损自己的雄性气质。（“这是粉色的！”“不，是樱桃色。”）我们出门了。

我们来到了一片僻静的树林。我对他说：“蒙迪，你已经从哲学课中收获了不少快乐，不如现在开始学点有用的知识？”

蒙迪意味深长地看了我一眼。家里的人全都知道他的这个本事。他扬起眉毛，噘着嘴，一副煞有介事的模样。

“那得看你说的‘有用’是什么意思。”

“你学了哲学后可是被惯坏了，对吧？”

“哲学对我有用，对你也有用。”

“说得好，将来我会用得上哲学的。不过我说的不是一场零和游戏。”

“一场什么？”

“零和游戏。也就是说只要我赢了，你一定是输。打个比方，一头狮子碰上了一匹斑马。与零和游戏不同的是，上这门课对咱俩都有好处。”

“你的意思是，你会让这门课对我有价值？”

“我会让这门课对你有价值。”

“你会给我奶酪蛋糕？”

“想得美。我只会给你饼干。”

“哲学家比你大方多了。”

"你是说心软吧？不好意思，现在得按我的规矩来。"

"三块？"

"什么？"

"饼干。"

"真是个谈判高手。先抬高要求，再适当让步。我可以给你两块饼干。"

"就这么定了。嗯，咱们在学什么来着？"

"经济学。"

"好吧。经济学是？"

"这个问题的答案并没有你想象中的简单，连经济学家自己也没能达成共识。"

"我怎么觉得你肯定会这么说呢！"

"听我把话说完。咱们才刚开始呢，得一步步地来。听好了。伦敦政治经济学院的一位名叫莱昂内尔·罗宾斯（Lionel Robbins）的教授曾提出一个著名的定义：'研究人类行为作为有可替代用途的目的与稀缺手段之间关系的科学。'"

"什么？"

"说实话，我也不喜欢这种说法。大部分一般人——和狗——一听到这种说法还不得躲得远远的。咱们不妨仔细分析一下他要表达的意思。假如我们手头上的现金有限，得想好怎么花

（也就是用途），决定买这件而不是买那件东西——比如买艘游艇，而不是买辆法拉利汽车。"

"说的没错。"

"开个玩笑罢了。换个比方吧，买双鞋子，而不是买个手提包。"

"你买的肯定不止这些。"

"教授的定义还有一层意思：我们会对激励做出反应。假设一件东西——就比方你刚才提到的奶酪蛋糕吧——比以前便宜了，我们很可能会再买一些奶酪蛋糕。"

"有道理。"

"这一定义的深层含义是，经济学是一门科学，也就是说它需要提出可检验的假设并运用证据加以证明。这是我们得到真理的可靠方式。"

"是吗？"

"我对此是有疑问的。要在人为控制下开展经济学实验相当困难，你得把所有的人分成两半，叫一半的人乖乖听从一种经济政策，另一半的人听从另一种经济政策。好在历史给我们提供了一些实验范例。我们还可以提出大胆的想法来推导出某些论点的逻辑。与其拘泥于经济学究竟在多大程度上是一门科学，倒不如把经济学看成一种手段，一种人们针对稀缺资源如何做出理性选择的方法。当然啦，经济学里包含不少数学知识，所以人们会觉得经济学有其科学性。"

"唔。你瞧，我会数数——可以这么说吧。我知道你在零食店给我少买了吃的。可要是今天的课讲的全是代数和微积分的话，那咱们还是现在回家得了。"

"别急呀，蒙迪，咱们只讲概念，不讲公式……"

"太好了！"

"我认为经济学入门最简单的方法就是研究其起源和发展。要了解经济学的发展史，就得掌握经济学的历史。"

"这话的意思是？"

"不是有关国王啊，女王啊，战役啊，伟人伟业那一类的历史，而是不同的社会在商品和服务的生产、分配和消费的方式上发生的变化。要不咱们先四处转转，好消耗掉过剩的精力？"

我们来到了平时去得最多的一处地方，这里长着一排又高又挺拔的山毛榉树，周围的地面上常年铺着一层从树上掉下来的坚果，踩上去嘎吱作响。蒙迪又蹦又跳，时不时地低下头来嗅着什么，我则慢悠悠地迈着步子，一边思索着如何将接下来的话表达清楚。过了一会儿，我看见蒙迪在一张比地面略高的长椅边停了下来。从这里能望见树顶的样子，风景优美。我坐了下来，让蒙迪趴在我的旁边。

"准备好了吗？"

"随时准备着呢。可是你能保证不会讲到公式吗？"

"我保证。经济学一直以来关注的最基本的问题，就是如何想办法生产出所需要的一切，并让需要或想要这些东西的人们得到它们。在人类历史的大多数时期，这一问题十分重要，同时也不那么复杂。之所以重要，是因为勉强维生是一件残酷的事实；不那么复杂，是因为人们越来越自给自足。在人类历史发展初期的二三十万年间，家庭和小规模群体通过打猎和采摘果实得到了几乎能满足自身消费的所有产品，但是随着人们在更多的地方定居下来，社会开始出现分化和分层。社会内部的不同群体承担了不同的任务，对更为精细的合作制度的需求应运而生。回顾历史不难发现，解决这一问题的社会方式主要有三种：传统、指令和市场。"

"解决经济问题的第一种方式是传统。社会解决经济问题——谁是生产者（以及谁是消费者）——最古老的方式很可能是通过传统进行的。你之所以做这份工作，是因为你一直以来都在做这份工作。子承父业是一种延续，保证了重要的技能得以传承。打个比方，打从出生的那一刻起，印度的种姓制度就决定了你将来的工作。传统制度之所以能发挥作用，是因为它们具有稳定性，维持了社会秩序，但与此同时，它们也是动态的（并非不公平）。假如你的父亲以铲肥料为生，你也会以铲肥料为生。"

"解决经济问题的第二种方式是指令。你告诉别人该做些什么。"

"听上去跟咱们家的情况一样——你总在告诉大家该做些什么。"

"嗯，哲学家喜欢品尝强硬统治的滋味。拿金字塔来说吧，古埃及金字塔之所以被建造，不是因为某个富有进取心的企业家发现了其中的市场潜力，而是因为法老一声令下：'给我造！'"

"听你的语气，我感觉这并不完全是件好事？"

"在历史上的危机、战争或饥荒时期，指令也许是把事情做好的最佳方式之一。咱们之后还会讲到，每当市场运转出现问题，我们会期望有一个中央计划者替我们做出理性的决定。然而，指令性经济体制至少存在两个问题。第一个问题关乎伦理。在指令性经济社会中，你无法自己决定生产什么或买卖什么，这意味着你的生活在绝大多数时候从根本上来说是不自由的。第二个问题是，指令性经济是管理极为复杂情况时采用的一种低效的方式。这一论断是由奥地利经济学家和哲学家弗里德里希·哈耶克（Friedrich Hayek）提出的。咱们之后再来说说他和他的观点。"

"我简直等不及了。"

"幽默的最低级形式是讽刺，你知道的。"

"得了吧，我是一只狗。我不吃自己的呕吐物，也不会把垫子拱成一团，你应该高兴才对。"

"好吧。咱们说到哪儿了？对了，解决经济问题的第三种方式是以市场为基础的体系，我们大部分人就生活在这一体系中。现在咱们来讲有关资源方面的决定——我们做些什么和我们得到些什么——不是某种权威做出的，也不是从上一代传承下来的，而是由市场决定的。"

"你得跟我解释一下'由市场决定'究竟是什么意思。我只认识这几个字而已。"

"你会慢慢明白的。咱们暂时只需要了解大致的情况，就像欣赏这里的风景一样。"我张开手臂在空中划了个大圈。可蒙迪毕竟是只狗，他只是看着我的手，眼睛压根没往风景那儿看。"可别忘了，市场才是关键因素。大多数人并不理解市场如何协调经济活动，可他们对此早就习以为常了。还记得那台烤面包机吗？还记得喝过的那杯咖啡吗？没有市场，我们就无法获得这些生活所需，所以经济学研究的重点是市场——市场繁荣期何时出现，什么时候会无法运转以及运转失灵的具体表现和原因。"

"可如果市场体系真像你说的那么棒，为什么人们要花这么长时间才想出建立市场体系的点子？"

"因为历史不会总是合理地朝着某种理想状态稳步前进。在古代，大多数人生活在几乎不用现金交易的农村社会。运用宗教或军事权力是通往致富之路的手段。人们注重的是钱和交易的道德层面。他们想要弄明白'公正的价格'到底指的是什么。"

"公正的价格？"

"中世纪经院哲学家圣托马斯·阿奎那（Thomas Aquinas）在著作中提出了这一观点。其实早在古希腊，人们就产生了这样的想法，认为万物均有其自然价值，等值于交易商给售卖商品标注的价格。阿奎那举了一个建筑材料的例子。石头和砂浆有其'合理'价格。倘若某地发生地震，贪婪的石匠可能会趁着大家都想重建家园的机会抬高价格。这种定价高于'合理'价格的行为已完全背离市场运转规律。一件商品的价格应当是在卖家与买家之间的各种交易过程中形成的。"

"人们认为经济活动和贸易并不光彩。西赛罗曾如此总结当时社会盛行的态度：'整买零卖的行业同样是肮脏的，毕竟从事这类行业的人只有谎话连篇才能赚到利润。'"

"咱们再快进到中世纪。此时经济社会在很多方面都出现了倒退。罗马的衰落导致政治局面失序。随着欧洲分裂为各个交战国，原有的贸易通道逐渐走向衰微。封建制度同样限制了市场的发展。"

"等等！封建制度是？"

"友情提示，我接下来对封建制度历史的概述是极其简化的版本。先来看欧洲、北非地区和中东地区。罗马社会一开始相对稳定，建立了贸易通道、法治和城市。随着这一切走向衰落，充满混乱、战争和疯狂的黑暗时代开启了。渐渐地，社会再一次安定下来，我们来到了中世纪。各个王国相对稳固，但不会再出现罗马帝国时代那样复杂的国际贸易。政治分裂不断加深，于是人们再次回到自力更生的状态。大宅邸——即庄园——开始成为经济结构的基本组成单位。"

"奴隶制在古代社会普遍存在，但是到了中世纪，奴隶制演变成了农奴制的概念。同奴隶一样，农奴也是（或多或少是）其主人的财产，但契约和义务在本质上是互惠互利的。农奴主给予农奴保护，农奴则提供劳动力。在农奴主的许可下，农奴可以在一小块土地上种田以维持家庭生计。作为回报，农奴必须提供劳动力或他们生产的部分产品。一些行会工人的工资以过于专业化的工作划分为依据，连最大的庄园都不再予以支持。但从整体来看，商品和服务的生产和分配都是依据法律和风俗而定的，而非市场价格。延续传统比社会进步更重要，这是当时社会盛行的风气。"

"是什么发生了变化？"

"有人把经济史的第二个阶段，也就是差不多从 15 世纪中叶到 18 世纪中叶的这段时期称为'商业资本主义'或'重商主义'

阶段。辗转于各地的商人将充满异域风情的产品从偏远的地方带回来。商业得到发展，市场在更多的地方被建立起来。威尼斯、佛罗伦萨和布鲁日就是当时商业城市兴起的代表。商人的影响力大了，地位也比以前高了（一点点）。民族国家开始崛起。欧洲割据的封建领地正慢慢形成一个个更大的整体。尤其值得一提的是英格兰，得益于统一的单一内部市场，从而发展成为首批工业强国之一。庄园制在此期间开始瓦解。随着城市的发展壮大，更多的人使用货币购买食物。渐渐地，古老的封建义务走向了货币化的道路。从前通过计算劳动天数、鸡和蛋的数量进行支付的方式变成了现金支付。得到了劳动力报酬的人越来越多，他们使市场规模不断壮大。商贩们在市场上售卖自己的产品。"

"最后发生变化的是宗教氛围。"

"宗教就是变化背后的全部原因吗？"

"不完全是，咱们还得讨论另一个原因——认知上的转变，即人们对竞争的态度上的转变。由于商人势力日渐强大，他们开始支持国家干预以控制竞争行为，并四处呼吁，要求对贸易进行垄断和限制。他们还强烈反对商品进口。要是他们听说过自由主义的说法，一定也会加以抵制。"

"喂，别忘了我是一只纯种的英国狗。我既不是贵宾犬，也不是法国斗牛犬。"

"对不起。自由主义在法语中的字面意思是'放任'，也就是人们喜欢做什么就让他们做什么。自由主义成为经济学中最具影响力和饱受争议的概念之一——除了尽可能地减少征税，政府不应当通过监管、补贴等方式干预私人交易行为。18世纪，法国激进的思想群体重农主义者最早使用了自由主义的提法。重农主义者认为，农业是财富产生的唯一来源，但他们对经济学思想最长远的影响是提出了自由交换这一概念，其指导原则是对私有财产和贸易自由的保护。重农主义者的集结口号是自由主义——让市场自由发展。政府应当退出经济领域，将职责限制在制定法律、维护秩序和巩固国防等方面。这一口号把重农主义者卷入了与重商主义者的冲突中。"

"到了18世纪末，资本主义的特征日益彰显。不过，某些反常的社会现象仍然存在，即使像法国这样的发达国家也不例外。在18世纪末，只有得到皇家特许的人才可以出售熟食。这样一来，只有贵族才享用得起。然而，提供膳食服务的精明的法国人找到了避开规定的办法。他们开始将肉汤（加上奇怪的配菜）作为"药用品"或"滋补品"出售。你知道"滋补品"的法语怎么说吗？Restaurant（餐馆）！商业之路就这样打开了，传统和指令被市场这只'看不见的手'所取代。创造了'看不见的手'说法的亚当·斯密将成为第一个解释这一崭新世界运行规律的人。"

　　"嗯，我觉得这话听着像是要下课了。不如我先去撒个尿，然后咱们一块儿回家？你可以在路上跟我好好讲讲这个叫亚当·斯密的老头。"

　　在得到我的许可后，蒙迪撒丫子狂奔着方便去了，一路上扬起高高的灰尘，所经之处的灌木丛也被他踩得七倒八歪。

第二次散步（下）
大狗

"准备好了吗？"

"准备好了。"

"那好，咱们接下来要讨论的是这个领域的'大狗'。"

蒙迪发出了气势汹汹的嗥叫。这是他唯一的缺点……好吧，不是唯一的，而是缺点之一……嗯，他其实有很多缺点，这只是其中的一个，那就是他喜欢自诩为格斗士。每当我们看见一只庞然大狗经过时，蒙迪会立马龇着牙向对方低吼，做出准备进攻的样子，但从来不会与对方发生肢体接触。他已经上了年纪，一口稀稀拉拉的牙齿不可能还有任何杀伤力。这真是让人感到尴尬，尤其是对他的主人而言。一听到大狗两个字，蒙迪的毛发都立了起来，做好了一顿狂吠的准备。他在仔细检查了每个方向，确定附近没有强大的对手后，才放松下来。

"'大狗'是比喻？"

"是。"

"'大狗'指的是人，对吗？"

"是。"

"著名的经济学家？"

"我能往下说了吗？"

"继续。"

"我将向你简要地介绍三位古典经济学理论家：亚当·斯密、托马斯·马尔萨斯和大卫·李嘉图。他们共同建立了现代经济学的基础。"

"亚当·斯密被认为是经济学的创立者。他写了两部巨著，分别是《道德情操论》（*The Theory of Moral Sentiments*）和《国富论》。第一部是有关伦理的，第二部是有关政治经济学的，他因为这两本书而得名。"

"政治经济学是什么意思？"

"问得好。有的人压根还没弄明白某些术语的意思就开始一通乱用。经济学在其发展过程中，数学化倾向越来越明显。换句话说，经济学越来越抽象，几乎与现实失去了联系。与此相反，政治经济学关注的是经济因素如何在现实世界中发挥作用，不仅从理论上研究市场如何运转，还研究市场与政府、法律和文化之间的相互作用。"

"在《国富论》中，斯密探讨了国家变富的原因。在斯密生活的年代，年幼的孩子每天要工作 14 个小时，怀孕的妇女被当成役畜在地下隧道里拖煤车，饥肠辘辘的低收入者在田野间成群游荡，只为了找到有口饭吃的活儿。还有什么比生计更紧要的问题呢？这本书叙事宏大，涉及了多个主题，但我们至少能总结出四个核心观点。"

"第一，劳动分工是生产效率提高和国家财富积累背后的隐性机制。还记得咱们说过的那个大头针工厂吗？"

"不记得了……"

"哦，不好意思。我差点忘了，那是我在给你上这门课之前讲到的。长话短说，假如把制造过程分成不同的环节，生产效率就会大大提高，不管是生产大头针、汽车还是——"

"烤面包机？"

"……也就是分成很多个小的子环节或工种，每个部分都由专人负责。"

"我记得有一次你终于受不了了，跺着脚跟家里所有的人说，每人必须负责清理房子的一个区域，是不是跟你说的这个挺像？"

"可能有点儿吧。最好由我来清理厨房，哲学家清理浴室，罗茜清理自己的卧室，加布用吸尘器把门厅打扫干净。不过还是用制造东西来打比方更容易理解。一份复杂的工作只要被分成专业化的任务，生产效率就会提高。"

"第二，我们本能地具备某种'互通有无、物物交换、互相交易'的倾向，并以此驱使我们安排自己的生活。只有找到交易产品的途径，劳动分工和专业化才成为可能（继而才有可能积累财富）。产品是通过市场交易的。市场越大，专业化程度就会越高。是亚当·斯密把你带到这里来的，蒙迪。"

"我？你在开玩笑吧——我一直认为自己很特别。"

"哦，不是你一个，蒙迪，我说的是所有的狗。亚当·斯密指出，人类是独一无二的。他在书中写道：'没有人见过一只狗用一根骨头公平且慎重地和另一只狗交换另一根骨头。'"

"别胡扯了。我为什么要把自己啃的骨头给另一只狗？等等——我眼泪汪汪地看着你的时候，你就会给我几片培根，这算交换吗？"

"亚当·斯密给出了否定的答案和理由。他说，当动物想要从它的主人那里得到食物时，会向主人摇尾乞怜。人在不得已的情况下也会做同样的事情。想一想，我们身边都会有那么一两个马屁精。斯密还指出，这种期望博取他人同情来得到交换物的方式既有局限性，又不可靠。一个基于劳动分工的复杂社会需要建立起协调几百万次交易的体系。"

"第三，在一个基于自我利益的体系中，得到自己想要的东西的可能性要大得多。这个观点听上去似乎有悖常理。我们为了追求自我利益而努力工作，并在不知不觉中推动了整个社会的进步，哪怕这个结果并不是我们努力工作的出发点。我在这里再引用一段亚当·斯密的名言：'我们的晚餐并非来自屠夫、酿酒商或面包师的恩惠，而是因为他们对一己私利的考虑。我们不说让他们爱别人的话，而说让他们爱自己的话。我们从不对他们说是自己有需要，而说对他们有好处。'"

"亚当·斯密提出了市场是只看不见的手的概念，这也是《国富论》中第四个了不起的观点。他描述了市场在没有人明确指挥的前提下如何进行自我调控。如果供不应求，自由竞争意味着买家会抬高价格；如果供过于求，则压低价格。价格是由供求关系决定的。竞争还能约束自我利益。如果商品标价过高，就会失去购买者；如果给工人支付的工资过少，就会失去劳动力。"

"亚当·斯密还概述了市场价格是如何进一步调控商品供给的。每当价格上涨，卖家或生产商自然会很快将注意力从生产低价商品转到生产高价商品上。虽说物以稀为贵，但市场不需要一位中央计划者也能对价格进行调控。人们生产某些商品的多少比例不必由官僚机构规定，而是由市场决定。亚当·斯密延续了重农主义者的观点，明确提出君主的主要任务是建立法治，不要干预经济生活。"

"咱们现在来简明扼要地概括一下自由经济体制。它由自我利益驱动，通过市场这只看不见的手调节。"

"也就是说，亚当·斯密认为自私是好的，市场是强大的，政府不应该管。是这样吗？"

"一些理论家是这么讽刺的，但实际上他的观点要复杂得多。"

"我怎么觉得你肯定会这么说呢！"

"亚当·斯密肯定不认为贪婪是好的。他鄙视我们对金钱和权力的渴望。在《道德情操论》中，他向我们讲述了一个发人深省的故事。一个人穷其一生不肯放弃对财富的追求，到头来却发现什么也没有得到，只是枉费了自己的青春。在令人印象深刻的评论的最后部分，亚当·斯密真正展现了他天才般的思想：'天性很可能以这种方式被强加在我们身上。正是这种蒙骗不断地唤起和保持人类勤劳的动机。'自相矛盾的是，我们可耻的自私心反而推动我们'在所有的科学和艺术领域中有所发现、有所前进。这些科学和艺术使人类的心灵高尚、生活多姿多彩。'"

"亚当·斯密肯定也不认为市场总是公平的。从他描写工资的那段文字中不难看出，他清楚地主和劳动者讨价还价的能力之间存在巨大的不平衡。在纠纷产生的时候，地主耗得起时间，劳动者却还有一家子等着养活。"

"咱们现在来到了一个关键的部分。现代社会中支持自由放任经济学的人们常常从道德层面出发，认为自由公平的交换的本意合乎道德，不会给买卖双方带来好处的自由交易根本不可能出现。这个逻辑看上去很严密。要是双方看不到赢利的希望，他们为什么还会继续交易呢？当然，拥有更多讨价还价能力的一方很有可能在交易中占据优势，但要是连处于弱势的一方也获得了某些好处，有什么不对的吗？亚当·斯密并未对权力的不均及其必然带来的不平等现象视而不见。"

"亚当·斯密同样不认为政府决不应当干预市场。他观点鲜明地告诉我们，国家应当提供诸如大众教育这一类的公共产品。这一观点让现代社会中信奉市场经济基本规则的人不免感到尴尬。"

"亚当·斯密认为市场能改善我们的生活，但他并不是自由放任的盲目追捧者。他没有全盘否定国家干预，也不认为自私是一种美德。不过，无论你持哪种观点，总能从他卷帙浩繁的著作中发现你想要的论据，从中既能找到对自由放任的支持，也能找到对政府干预的支持。"

"托马斯·马尔萨斯和大卫·李嘉图是同时代另外两位重要的思想家。我简要介绍一下这两位思想家，讲完后咱们就可以回家了。"

"好吧，说简短点。"

"作为牧师的马尔萨斯留意到一个现象：受洗的年轻人数量要远远多于下葬的老年人。他还注意到了自己的教区里广泛存在的贫困现象。他把这两点观察联系起来，将自己的思考写进了《论影响社会改良前途的人口原理》（*An Essay on the Principle of*

Population as it Affects the Future Improvement of Society），并得出了令人十分沮丧的结论。第一，人口数量受到生活资料生产的限制。他直言不讳地指出：'食物数量调节人类数量。'第二，只要生活资料增长，人口就会增长。两者的增长确实呈正比关系，只不过它们的增长速度完全不同。人口呈几何级数增长，而生活资料呈算术级数增长（我们现在的说法是呈线形增长）。"

"听上去有点像在学数学……"

"我会尽可能说得简单易懂些。想象一下，有一对生活美满的夫妇住在农场，有一块自家开垦的土地。这对夫妇生了 4 个健康的孩子。假若这 4 个孩子每人也生了 4 个孩子，家里就会有 16 个孩子。假若这 16 个孩子每人又生了 4 个孩子，家里一共会有 64 个孩子，这就是几何级数的人口增长。马尔萨斯认为食物增长的速度永远赶不上人口增长的速度，顶多只能呈线形增长。假设那对夫妇靠一块地的作物产出生活，每出现新的一代人会增加一块新开垦的土地。到了第四代，土地的数量从 1 变成了 4。然而，每个人从一开始的可以靠半块地的作物产出生活，到现在只能靠一块地的 6.25% 的面积的作物产出才能勉强维持生计。然而，即使是这样的计算还是过于乐观了。马尔萨斯认为，每块新土地的产出会少于之前的土地。质量最高的土地永远是最先被开垦的。几乎可以肯定地说，任何新土地带来的产出都要少于那些已经在使用的土地。"

"马尔萨斯因此得出了第三个悲观的结论。如果疾病或战争没有抑制人口增长，随时有可能会发生饥荒。"

"嗯，你说得对。没什么比碗里空空更让人感到沮丧的了……"

"这还不是最糟糕的部分。马尔萨斯还指出，伸出援手是没有意义的。他认为，试图改善众多低收入者的境况，只会使他们生出更多孩子，从而不可避免地回到原来穷困潦倒的状态。残酷才是慈善背后的真相。"

"他说得对吗？"

"答案很简单：不对。大部分现代社会已经逃离了马尔萨斯陷阱。虽然当一个国家的人口增长快于其产出时，国家的整体生活水平不会改善，且马尔萨斯写完《人口原理》后的两个世纪里，人口迅猛增长，世界也经历了几次可怕的饥荒，但和他那个时代相比，现在的世界并没有变得更贫瘠。生育控制（他那个时代的禁忌话题）功不可没。同时，农业技术的发展和肥料质量的提升都提高了粮食的产量，这些进步是马尔萨斯无法预见的。当然，经济和政治变化同样重要。在农业经济社会里，儿童也是财富的创造者。所有的人手都能用得上，但这样的做法在一个日益工业化的经济社会里已经不再适用。只有接受教育才能过上好日子。由于教育支出是一笔不小的开支，家庭规模自然会越来越小。"

"哦，所以事情的发展并没有多么悲观……"

"蒙迪，咱们快到家了。在结束今天的散步前，咱们还有时间讲一讲另一只'大狗'。马尔萨斯的观点或许是悲观了些，但要解释起来倒也还算轻松。要将李嘉图的观点解释清楚就难多了，不过我还是试试吧。两人是要好的朋友，但过着很不一样的生活。马尔萨斯收入有限，不得不看紧自己的钱包。与他不同的是，李嘉图靠着做生意赚了一笔，足够让他在 42 岁退休时衣食无忧。"

"李嘉图把关注点放在土地上。土地既是一切财富的来源，也是有限的自然资源。亚当·斯密关心的是财富是如何产生的，李嘉图关注的则主要是财富如何在工人、地主和资本家这三个阶层之间分配。"

"工人和地主，这我懂，不过资本家是？"

"咱们暂且把他们简单地称为工厂主。李嘉图认为，不同的阶层得到的'蛋糕'很可能大小不一。财富的分配不均是由他发展的租金定律推导出来的逻辑结论（他是这么认为的）。"

"李嘉图认为，土地的价值取决于两个方面，即土地的有限性以及土地肥沃程度上的差别。土地的有限性来自人口增长的压力，这一点继承了他的老朋友马尔萨斯的论断。正如李嘉图所言，如果土地像空气和水一样‘数量无限、质量相同，那么其使用不可能收取租金。’”

"哦，我听懂了前面的部分——毕竟没人愿意为取之不尽的东西支付费用。但是质量的差别和租金有什么关系？"

"问得好。这是李嘉图继承马尔萨斯的另一个地方。随着越来越多的人需要被养活，质量次等的土地不得不投入农业生产。这时租金就会上涨，因为比起质量次等的土地，农民总是更愿意使用肥沃的土地，也愿意支付由于土地质量不同而产生的差额。由于当时的土地总是不够用，在最优质的土地和最劣质的土地之间便产生了租金。"

"在李嘉图看来，如果工资增长，工人的生活水平就会得到改善，人口数量也会增加。这会不可避免地导致更多的工人在找工作，而工作岗位的数量不变，这样一来，工人的工资会再次减少。与其说工人脖子上挂的是一条链子，不如说系的是一根橡皮圈。橡皮圈可以被拉得很长，但迟早还得弹回去。"

"企业家阶层——我们所指的资本家——一方面为社会进步做出了贡献，另一方面，他们的利润也因为竞争遭受了损失。人口增长使更多没有产出能力的土地不得不被拿来使用，这会不可避免地抬高食物价格。资本家只能通过增加工资，才能让工人支付得起价格上涨的生活资料（但数量仍然不够）。工资得从资本家的利润中扣除。”

“你刚刚跟我解释了工人会如何挨饿，所以我一时半会儿对那些工厂主们还同情不起来。你得原谅我。”

“有道理。不过李嘉图认为，资本家和工人最终都成了输家。赢家是地主阶级和旧式贵族，因为他们掌握了近乎垄断的土地所有权。拥有了土地这一稀缺且必需的资源，他们就可以坐享其成，收取不断上涨的租金，就像趴在网中央的肥硕蜘蛛，只等哪只笨拙的苍蝇误撞入陷阱，再将它的身体吮吸干净。虽然李嘉图是个有着富庶田产的地主，却能够客观冷静地看待资本家的问题。从这一点上来说，他值得人们的尊敬。”

“所有的经济学家都这么悲观吗？能不能听点让人高兴的故事？”

“李嘉图有个广为人知的特点，他能够理解某种极其复杂的体系背后隐含的规律。不过现在看来，他的预测是错误的。工业化不仅控制了人口增长的速度，还极大地提升了人们在已开发土地上种植庄稼的能力。这个故事有了一个幸福的结局。至少，故事的发展没有像李嘉图预测的那样走向严重的不公平，地主阶级并没有榨取所有的好处。”

“你对马尔萨斯和李嘉图的看法还挺挑剔的。感觉像是我问了你一个问题后，你告诉了我两个对我有帮助，却文不对题的答案。”

“哈哈，也许是吧。亚当·斯密的名字至今仍保持着‘旺盛的生命力',这是马尔萨斯和李嘉图所无法企及的。我们并不是说马尔萨斯和李嘉图已经不再是人们的研究对象,也不是说两人的影响力已经不再,而是现在的大学经济学系的马尔萨斯主义者和李嘉图主义者已经不多了。人们对马尔萨斯和李嘉图最感兴趣的地方在于,两人能够理性地看待对当时的社会至关重要的经济问题,试图从中找出科学规律解释无比复杂的经济运行过程和对未来做出预测。两人均受到了牛顿推动的科学革命的影响,都想成为经济学界的牛顿。有趣的是,马尔萨斯和李嘉图虽然没能成功地找出科学规律来解释人类社会的生存斗争,但两人的努力却给科学的发展留下了深远影响。1836 年,达尔文(Charles Darwin)刚刚完成'贝格尔'号环球考察回到英国,便马上着手研究有关物种进化的理论。然而当时的达尔文还在苦于思索如何将理论往前推进。1838 年,他在马尔萨斯的《人口原理》里读到了一段对过剩人口抢夺过少食物的描述,终于找到了灵感。对谋生不懈的追求,再加上人口变化的随机性,意味着某个个体哪怕只占据很小的优势,也能生存下来,并将优势传给下一代。马尔萨斯的观点也许在经济学领域算不上核心理论,却在演化生物学领域找到了一席之地。"

"蒙迪,咱们快到家了。我来检查一下你有没有认真听课。什么是经济学?"

"噢，我不知道还会有测试……市场，是跟这个有关吗？还是货币？制造和分配产品。还有，还有……"

"学得不错。另一位伟大的经济学家罗伯特·海尔布隆纳还提出了一个言简意赅的定义：'经济学研究的是由市场驱动的社会的运转方式。'"

"还真是简单极了。还有呢？"

"咱们再快速回顾一下。亚当·斯密、马尔萨斯和李嘉图这三位经济学家的观点之间有着很大的差别。海尔布隆纳却指出，三位都认为工人阶级在本质上是被动的受害者。咱们在下次散步中会讲到工业革命带来的变化以及卡尔·马克思（Karl Marx）等人对此有何见解。"

"谢天谢地，终于回到熟悉的街区了。今天的散步和讲课还挺累人的。"

"这还用你说嘛！"

"犒劳你一块饼干，再给我自己来杯咖啡。"

第三次散步（上）

工业革命

　　本次散步的话题：工业革命以及它如何使生产效率得到了前所未有的提高。为什么我们生产电灯的效率比祖先们提高了 50 万倍？我们还审视了工业革命黑暗的一面：7 岁的儿童每天工作 15 个小时。在第二部分，我们拜访了马克思的墓地，认识到了他为什么认为革命不仅令人向往，而且终究会到来。最后，我们讨论了经济学是如何从道德哲学变成一门学科的。

　　新的一天，我们又出门散步了。至少今天是个有太阳的好天气。

　　"今天你会教给我哪些好玩的知识？"蒙迪问道。此时的我正努力将绳子一端的金属钩套在他的项圈上。

　　"主要有两点：工业革命和马克思。他的墓地离这儿不远，咱们不妨顺道去拜访一下。"

　　"啊？"

　　"马克思被葬在海格特公墓。咱们得坐公交车……"

　　"我喜欢坐公交车！"

　　确实如此。虽然蒙迪年纪大了，但还是会一见到或嗅到什么就兴奋不已。一些老太太看到他可爱的模样就会纷纷凑上来，他很享受这种被众人夸赞的感觉。不过，我们肯定得等到下了车才能开始对话。有条不成文的规矩是，你可以在公共场合对你的狗说：乖孩子、真淘气，还可以命令他去取东西（虽然蒙迪并没有帮我们取过任何东西），但跟他深入探讨生产方式的问题就显得……太古怪了。我们终于来到了公墓附近。这里几乎没什么人，只是偶尔有慢跑的人经过。每当这个时候，我们的对话就会中断。

"咱们从工业革命开始讲起。大约在 18 世纪中叶，工业革命开始缓慢发展起来。从基于农业和商业的经济转变到由工业制造主导经济活动，从以马为动力转变到马力。"[①]

"啊？"

"对不起，写下来的话会好懂些。工业革命使生产效率得到了前所未有的提高；接着，生活水平也得到了前所未有的提高。但与此同时，城市里的低收入者在恶劣的条件下辛苦劳作，人类的苦难显露无遗。"

"工业革命和由此带来的人口结构变化说明马尔萨斯此前悲观的预测并没有成为现实。想象有这样一张图表，统计的是从1000 年到现在的生活水平的变化。你会看到一条长长的、呈水平

---

① 原文使用的是 horse power 和 horsepower 两个说法。——译者注

方向的线，最后突然出现上扬——有点像曲棍球棒的形状。其实我一点儿也不喜欢这么比较——我想用冰球棒比喻更恰当一些，它的末端比曲棍球棒的末端长得多。"

"从 1000 年开始，实际生活水平发展毫无起色，一直延续了700 年。大约从 1750 年的英国开始，生活水平发生了变化。生产效率飞速增长，联通性（信息在全世界流通的速度和能力）迅猛提升。在今天的英国，人们的生活水平比 300 年前大约高了25 倍。"

"这一切是因为……"

"这要归因于不断涌现的新观念、新发现和新方式，使我们能节省人力并生产出更多的产品。一些早期的重要突破发生在纺织业，以约翰·凯伊（John Kay）发明的飞梭和詹姆士·哈格里夫斯（James Hargreaves）发明的珍妮纺纱机为代表。这两项发明极大提高了织布的生产效率。18 世纪 70 年代末，用詹姆斯·瓦特（James Watt）改良的蒸汽机驱动的水泵解决了煤矿积水问题，并为纺织机提供了动力。每一项创新都很重要，加在一起就汇成了一股变革的力量。另一个富于启发性的例子和照明有关。"

"哼哼——我有点明白你的意思了。"

"在人类发展的大部分时期，人们只能通过月亮和星星发出的光和摇曳的篝火度过漫漫长夜。油灯带来了照明方式的第一个突破。人们后来又发明了由兽脂制成的蜡烛。如果你足够有钱的话，还可以买由蜂蜡制成的蜡烛，燃烧起来烟雾更少，也不会把整个房间熏臭。19 世纪煤气灯的发明是照明方式的另一大进步。但最重大的飞跃要数 19 世纪的最后 25 年里电灯的逐渐兴起。"

"每一个阶段的进步都使得夜晚比从前更亮了，但仍旧有许许多多普通工人无法支付得起新的照明工具。1800 年，一个普通的工人要工作 15 个小时才能买到可以燃烧一小时的蜡烛。工人们自然选择了在黑暗中度过夜晚。到了 1880 年，15 个小时的工作时长减少到了 3 个小时，可仍然有许多人支付不起买蜡烛的费用。你觉得一个普通人（在发达社会）需要工作多长时间来支付开一小时电灯的费用？"

"我很不喜欢这种问题，直接告诉我答案得了。"

"一秒钟。"

"哇，还挺有意思。可要是电费真这么便宜的话，为什么哲学家老抱怨灯没关呢？"

"他喜欢抱怨，但他这样做也是在拯救地球，不过主要还是因为他这人喜欢抱怨。"

"其他领域也一样。发送信息需要多长时间？1860 年，亚伯拉罕·林肯当选为美国总统。消息从华盛顿特区传到加利福尼亚州花了近 8 天的时间。再想一想，现在要将一件东西运到其他地方——也就是从事贸易——是多么轻松的事。有了集装箱的发明，将商品从甲地运到乙地的费用便宜到简直让人不敢相信——哪怕是从中国运到遥远的秘鲁。"

"嗯，我大概明白是怎么一回事了。不过我在想，是什么导致的？我说的是工业革命。世界已经不疾不徐地运转了几千年，为什么会突然发生变化？"

"最终的推动因素是专业化和创新，两者都依赖于市场。生产和生活的专业化使人们需要找到商品的交换方式。还记得亚当·斯密笔下的大头针工厂吗？专业化提高了生产效率，但你得将多余的商品交换出去（谁会一天需要 48 000 枚大头针呢？），否则生产效率的巨大提升是没有意义的。只有找到市场才有交换商品的可能。教师和护士的职业之所以能走向专业化，是因为有可运转的市场满足了他们衣食住行各方面的物质需求，比如回家后喝上一杯葡萄酒给自己解解压。"

"啊，原来是这么回事。"

"不妨想象一下用直接下指令的方式会带来什么后果。政府可以指令我当一名老师，叫别人当矿工或建筑工。政府可以决定农民种什么庄稼，颁布公文规定工人只能做哪种衣服。然而历史给我们的教训是，这样做的收效并不明显。你还可以试着建立一个以家庭和社群为单位进行物物交换（用赠送和分享的方式）的制度。这一制度确实在一定范围内出现过，比如在儿童照管方面。但只有当市场和公司发展起来，专业化才进入了真正的繁荣期，为全球范围内的随机合作提供便利。制造我的手机的人不认识我，也不关心我是谁。我的需求不是由哪个官僚机构决定的。之所以由这些人制造手机，是因为他们做得比我好。我用上了手机是因为我付了钱，而制造手机的人也能因为这些收入买到自己需要或想要的商品。"

"我明白了为什么交换是专业化的必要条件，但为什么创新也取决于交换？"

"没人会为了一己之用就将大量的金钱和精力投入对创新产品的开发上。发明家需要市场回报他们做出的努力，并为他们提供生活必需品。"

"生产效率的极大提升和随之而来的繁荣并不是完全由创新和交换推动的，最终的推动力量是人口结构的转型。还记得马尔萨斯吗？"

"提出人口增长意味着更多苦难和饥饿的那个人？"

"对，就是他。提高生产效率固然是了不起的成就，但倘若一个国家的人口增长速度超过了其产出的增长速度，那么整个国家的生活水平是得不到改善的。工业革命初期，人口呈爆炸式增长。1810 年，平均每个英国育龄女性生育 5—6 个孩子。但是到了 19 世纪末，出生率大幅下跌，到了 1930 年，平均每个女性生育 2 个孩子。虽然从那以后出生率又出现过两三次上升，但现在，每个女性生育孩子的平均数量已低于 2 个。"

"为什么呢？养孩子很费钱，难道不是越有钱生的孩子就越多吗？"

"有很多种解释。总得有人去喂鸡，把乌鸦从地里赶走吧。孩子是农场上的好帮手。在日益城市化的社会中，孩子的用处就没那么大了。随着生活环境的改善，父母不像以前那样担心孩子会早夭，所以他们用不着生很多孩子。教育变得越来越重要，因此供孩子上学的开销更多。女性地位也有了变化，更多女性在职场中打拼，养育孩子的时间也相应地减少了。"

"这是好事，对吗？"

"总的来说是的，但新的问题也随之而来。儿童数量的减少意味着将来的劳动力数量变少。人们的寿命变长，需要照顾老年人的时间变长。几乎所有的发达经济体现在都面临着出生率下滑到远低于人口更替的水平。这些问题当然不是无法解决的，但需要创造性的想法，可能还包括人口从发展中国家向发达国家迁徙。我可以肯定地说，市场将对问题的解决发挥关键作用。市场这一机制巧妙地将工人和有待完成的工作联系在一起。咱们在之后的散步中会讲到全球化，到时候再做具体分析。"

"好的。咱们可不可以下这样的结论：要不是你总喜欢加限定条件的话，工业革命本身其实是件好事？"

"可以。不过，要让更高的生产效率真正使普通人的收入增加，并不是一时半会儿能做到的。在两到三代人的时间里，生活并没有变得更好，对有的人来说甚至比以前糟糕得多。很多人哪怕能活下来都是奢侈的。据经济历史学家阿诺德·汤因比（Arnold Toynbee）估计，一个劳工 1840 年的工资是每周 8 个先令，还需要 6 个先令才能买到最基本的生活必需品。为了贴补家用，他只能让自己的妻子和孩子出去工作。到了 1870 年，工人的工作条件开始改善。工资虽然增长缓慢，但至少可以支付基本的食物和租金成本，甚至还有所盈余。工作时长依旧很长，但已经有所缩短。可是，摊到每个人头上的好处却大不一样，比如之前讲到的蒸汽驱动的织布机就使纺织工人陷入穷困潦倒的境地。历史最终迎来了转机。"

我们在墓园间穿梭着，偶尔停下来瞻仰这座令人肃穆的纪念碑。蒙迪露出了疲惫的神色。

"咱们是不是也已经转了个弯？"

"是的。咱们现在就往回走，从世界上最著名的墓园之一穿过去。"

第三次散步（下）

马克思

"咱们在散步一开始讲到了标志着从农业和商业到工业制造转变的工业革命。对于经历了工业革命的人来说，这意味着他们从土地转到了工厂。工厂工作条件十分恶劣，工人们需要适应新的环境。许多人用暴力的方式抵制变化，他们捣毁机器，烧掉了令他们深恶痛绝的磨坊和血汗工厂。"

"相比糟糕的工厂条件，贫民窟的环境更为恶劣。19 世纪初，曼彻斯特人口的平均寿命只有 17 岁。当时人们经历的肮脏和贫穷是我们无法想象的。一份有关格拉斯哥 1839 年生活状况的报告中描绘了这样的场景：狭窄的街道上堆满了令人作呕的排泄物；15—20 个人挤在家徒四壁的房间里，有的穿着衣服，有的光着身子。有的历史学家认为，城市里的贫穷现象并不比之前农村里的更残酷，只不过更容易被人注意到罢了。日益彰显的贫穷现象引发了公众的同情，再加上工会和其他民众形成的草根组织，推动政治家们出台了限制工作时长和聘用童工的法律。草根组织和法律规定减少了劳动力供给，进而推高了工资。选择权范围逐渐扩大。不过，年满 21 岁的男性直到 1918 年才获得选举权（女性于 1928 年获得选举权）。"

"可是对有的人来说，渐进式的改革远远不够：他们要的是革命。《共产党宣言》里有这样的文字：'让统治阶级在共产主义革命面前发抖吧。无产者在这个革命中失去的只是锁链。他们获得的将是整个世界。'"

说到这里，我们刚好走到马克思的墓前：马克思巨大的头像耸立在一块高高的大理石柱基上。

"喏，蒙迪，这就是马克思，准确地说是他的纪念碑。他的观点在 20 世纪产生的影响非常深远。马克思的经济哲学建立在相信人心向善和未来充满希望的基础之上，相比之下，市场体系认为人类的贪婪自私理所当然。你看清楚柱基上写了什么吗？"

"我只是一条狗，不识字。"

"对呀，我怎么老忘记。墓志铭上写的是马克思的名言：'哲学家们只是用不同的方式解释世界，而关键在于改变世界。'从这一点来看，马克思是相当成功的。咱们上次散步时谈到了亚当·斯密、马尔萨斯和李嘉图三人。他们以这样或那样的方式关注着工人阶级所处的困境。即使法国大革命爆发，他们也未曾真正想到过苦难阶级有朝一日会奋起反抗。马克思即将改变这一切。"

"给我讲讲当时的背景——他的名字是什么时候出现的？"

"马克思（1818—1883 年）生于德国，在流放到英国后，在那里度过了生命中的大部分时光。他最著名的两部作品是与其一生的挚友恩格斯合作撰写的《共产党宣言》和《资本论》。马克思质疑经济学的'科学性'，因为他认为经济学默认了私有财产的必然性和竞争性市场体系的存在，而不是对此提出质疑。他还认为资本主义制度的核心是其内部矛盾，这种内部矛盾将不可避免地导致革命。在马克思看来，现代社会通过阶级进行分层，每个阶级都是由其与生产资料的关系所定义的。资产阶级拥有工厂、磨坊、煤矿和锻造厂，而工人拥有的只有自己的劳动。资本家购买劳动力。资本家的财富来自给工人支付的工资和工人生产的价值之间的差额。打个比方，我是个工厂主，生产一种能抽紧的金属项圈，专门用于教训不听话的狗。"

"你刚才是不是凭空做了一个捻胡子的动作？"

"也许吧……"

"你不会真的喜欢上了这个动作吧？"

"我之所以使了这么个法子是想强调，噢，这个方面哲学家比我擅长。话说回来，我想通过出售金属项圈获得合法利润，这是人之常情。买材料是有成本的，怎么办？我只能鼓励和我属于同一个阶级的政治家走出国门，拓展帝国，确保买到生产所需的包括橡胶和铁矿石在内的一切商品。除了材料成本，我还需要给在我的血汗工厂里辛苦劳作的工人支付工资。支付的工资越少，我赚的利润就越多。马克思还从亚当·斯密和李嘉图两人那里借用了一个概念并进行了重新发展。生产一个金属项圈的材料成本是 1 英镑。我的工人在工厂里 1 小时能生产 10 个金属项圈，因此我要花 10 英镑购置材料。我是个慷慨的工厂主，又不喜欢复杂的计算公式，就比如给工人支付每小时 10 英镑的工资好了。我把金属项圈以单价 10 英镑的价格卖出。这样一来，我在 1 小时内支付了 20 英镑，卖出了 100 英镑，利润是 80 英镑。"

"干得漂亮。"

"马克思认为，利润即剩余价值的唯一来源是工人的劳动力。换句话说，工人的劳动力价值是 90 英镑，但我只付给了对方 10 英镑，工人和资本家冲突的起源就在这里。资本家从工人那里偷走了剩余价值，工人想要得到更多劳动力补偿，资本家想将工资压到最低。阶级冲突就产生了。"

"你似乎把这个过程简单化了。我说得对吗？"

"说得对。马克思是个很深奥难懂的思想家，其著作涵盖了历史、哲学、心理学和经济学，我只是强调了他思想中的主要特点。不过咱们还有不少知识点没有讲到。即使是彻彻底底的非马克思主义者也能感受到马克思批判 19 世纪的资本主义社会现实的文字中所蕴含的力量。在他的作品中有对工厂生活悲惨本质的细致描述，取材大部分出自官方公开的报道。《资本论》中最扣人心弦的部分是一段对'工作日'的描写，它向人们揭示了强加给工人的残酷的工作条件，工人里不仅有成人，还包括年幼的孩子。"

"马克思提出了资本主义奴役工人的观点。他认为，资本主义和奴隶社会唯一的区别在于从工人身上榨取剩余价值的方式。从表面上看，资本主义社会的工人是自由的；然而实际上，他们必须服从资本家提出的条件，否则只能挨饿。这一必然现象是因为在竞争法则的逼迫下，资本家和工人别无选择。"

"嗯……你这话听着很有说服力，我都有点儿想成为马克思主义者了！话说回来，他有没有提出什么能替代苦难和剥削的办法？"

"马克思拒绝渐进的改革。说得具体些，更高的工资或条件的逐步改善并不能使工人脱离苦难的命运，只会让他们陷入'进一步被工资奴役'的状态。他提出的解决方案是始于土地和生产资料公有制的激进变革。具有讽刺意味的是，他认为资本主义会加速过渡的过程。财富已经集中在少数人手里，现在到了工人阶级剥夺剥削者的时候了。然而关于共产主义实际上会是什么样子，马克思几乎没有给出任何描述，不过他明确指出，私有财产使一切人类变得堕落，人类历史发展的最终目标是人类自由。他认为，私有财产一旦被公有制和社会化生产资料取代，贪婪和妒忌就会消失。当个人利益和社会利益一致时，人们会自发地展开相互合作，现代意义上的政治国家也就失去了存在的必要。"

"当然，马克思也敏锐地洞察到了无情的资本主义制度下最黑暗的一面。他告诉我们，'自由的劳动力'远没有它听上去那么自由。以私有财产和自由市场为代表的制度并非恒久不变的自然规律。这一制度由人创造，我们理应质疑谁受益、谁被淘汰的合理性。"

"马克思预见的革命为什么没有发生？"

"它确实发生了——只不过发生的地点和时间和他预想中的不同。马克思认为革命最有可能发生在发达的资本主义社会，当资本主义堕落到临界点，工人开始觉醒并意识到自己的力量之时。然而事实上，革命首先发生在欧洲最不发达的地区。人们对此提出了很多解释。如西方殖民主义是原因之一：由于将剥削转移到发展中国家，西方经济得到更大发展，国内工人的待遇被稍稍提高了。"

"咱们说完马克思和革命的部分了吗？"

"说完了，不过咱们回家前还有最后一个问题。这里要谈到一个关键人物——新古典经济学派的创始人之一阿弗里德·马歇尔（Alfred Marshall）。他想用客观的数字研究经济学，将洁净明亮的数学之光照进混沌一片的人类经济活动。"

"嗯……你之前说过，经济学研究的是人们做决定的过程。

据我观察，做决定没什么科学性可言。你叫哲学家带面包和牛奶回来，可结果呢？有多少次他带回来的是啤酒和薯片？我可看不到什么洁净明亮的数学之光。"

"马歇尔承认，经济规律不像物理学和化学规律那样绝对。经济学是对人类行为的研究，可我们并不能准确预测人们将会做些什么。即便如此，马歇尔认为我们至少要用尽可能严谨的方法研究经济问题。他提出，经济学应当'尽可能地做出对人类活动倾向深思熟虑的估计或暂时性的规律。'"

"也就是说你不能百分百精准地预测人们未来的行为方式，但至少可以对人们做某件事的可能性做出估计？"

"完全正确。马歇尔举了潮汐的例子。我们知道，潮汐每天会经历两次涨潮和退潮，在新月和满月时，潮汐较强。我们可以事先计算出潮汐最大时出现的时间和大致位置。可是没人会知道在某一天的某个时刻，布莱顿海滩（Brighton beach）的潮汐具体有多高。马歇尔把潮汐的例子借用到经济学中，我们也许就能研究出预测人们在不同情境中行为的经济学规律或观点。"

"马歇尔彻底改变了经济学研究。他的《经济学原理》（*Principles of Economics*）多年来一直是权威的经济入门教材。这本书里图表公式繁多，给人一种科学的严谨感。他是第一个使用标准供求图表的人，还提出了边际主义和弹性等核心概念。之后的课上会谈及这两个概念。"

"马歇尔并不想将概念淹没在数字之中，因此十分注意遣词用句，既能让自己写的东西连外行都能明白，还能给他们派上用场。他不无幽默地用以下 6 点总结自己的研究方法：

（1）把数学当成速记语言，而不是探索工具使用。

（2）一直使用数学，直到你完成分析。

（3）用文字表达出来。

（4）用真实生活中的重要事例加以说明。

（5）将数学部分烧掉。

（6）如果你做不到第 4 点，则烧掉第 3 点。最后一步是我经常做的。"

"他证明了自己的观点吗？经济学是一门科学吗？"

"经济学是对人类行为的研究。正如马歇尔所言，人类是反复无常、难以捉摸的。苹果从树上掉下来遵循的规律很简单，可人类的行为就没那么有规律可言了，这便产生了争论的空间。有人认为经济学需要科学性，有人则坚称经济学绝不可能成为科学。有的经济学家为了阐明问题，抛出各种令人眼花缭乱的公式，结果却是适得其反。有人创造了'物理学崇拜'的说法，这和穿着实验室的白大褂带来的仪式感是一个意思。不过我和马歇尔一样，坚信数字的价值，相信寻找客观规律的过程虽然艰难，却值得我们为此付出努力。乔治·奥威尔（George Orwell）曾说过，半条面包总比没有好。我们不能无所不知，但也不会一无所知。"

我低头看着蒙迪，他的小细腿抖个不停。我蹲下身将他一把搂起来——他是一只特别适合被揣在怀里的狗。

"咱们搭那趟公交车回家吧。今天的经济史课就上到这里。之后咱们将重点讨论经济学在现代社会中的具体应用、如何对我们的生活产生影响，以及马歇尔钟爱的数字如何阐明塑造现代社会的力量。"

第四次散步

市场：谁在控制伦敦的面包供给

本次散步的话题：为什么市场的作用如此之大；经济学家如何做出简化（运转良好的）市场模型；市场何时会出现运转失灵（泡沫、比特币和卷纸）；市场如何实现供求平衡；市场何时造福人类；哪些方面可能会出现问题。

我们平时喜欢在公园里活力满满地散步，而这次，我们只是悠闲地穿行在西汉普斯特德的主干道和小路上。从最初搬来到现在一晃已经快 30 年了。商业街过去曾是各种老商铺的聚集地，给居民的生活提供了不少便利。有一家肉店、一家鱼店、一家五金店，甚至还有一家小小的唱片店。现在这里几乎变成了清一色的咖啡馆和慈善商店，偶尔也能看到几家美甲店和美发店。我们居然还能在附近找到一家书店，已经很知足了。书店在阳光下闪着光，美极了。讲一个有趣的知识点：在地铁到来之前，这片区域曾被称作西区。商业街所在的位置则沿用了以前的名字西区巷。新地铁线建成后，人们发现西区这个名字会让乘客误认为他们到了西区剧院，于是将西区改名为西汉普斯特德。

我开口了："行了，蒙迪。"此时的他对街道上堆放的几个黑色垃圾袋产生了兴趣，这多少让我感到有些不安。我接着说："咱们终于准备讲经济学中当代的部分了。不过在开始之前，先快速总结一下。咱们讨论了解决社会中的经济问题的三大方法，即传统、指令和市场。能帮助人们进行劳动分工和交换商品的市场体系带来了生产效率的巨大提升和创新。在上一次散步中咱们讲到，工业革命带来了生活水平前所未有的跃升。不过，正如马克思所描述的那样，所有这些进步都是有代价的，且常常完全由低收入者承担。工业革命种种骇人听闻的现象催生了共产主义。另一方面，人们据此'发明了'以研究市场为定义的经济学。经济学发展从道德哲学层面（亚当·斯密）转到了研究市场运转规律的一门更为正式的科学（马歇尔）。"

"今天学什么？"（蒙迪发现嗅垃圾没那么好玩了，掉头走开。）

"咱们先来一盘开胃菜，讲讲经济学家们是如何做出市场行为模型的。之后要讲的主要内容是供求合力如何决定商品价格和数量。"

"我听你提过几次模型了。你指的该不是中古战锤模型吧？"

"经济学家们指的模型是将现实简单化，即剥去不相关的干扰因素，只留下有意义的内核。有时过度的简单化会让模型似乎与现实失去了联系，不过这种非现实感并非一定是坏事。经济是由几百万次单向行为和相互行为交织而成的极其复杂的网络。要试着了解全貌，需要从化繁为简开始。不妨把经济模型看成伦敦地铁线路图。几百英里（1 英里 ≈1.61 千米）纵横交错的轨道经过简化后能给你提供所需的关键信息，如换乘前还要坐几站等，相当于给你指明一个大致的方向。"

"感觉听明白了。"

"蒙迪，咱们想象一下，有个经济学家正试图理解某种商品或产品在市场上的流通方式，比方说——"

"像我这么可爱的狗？"

"当然。为了理解可爱的狗在市场上是如何流通的，经济学家们建立了一个他们称为完全竞争市场的假想模型。他们从中可以判断出自由竞争不受阻碍时会产生什么后果，前提是交易的每一件商品都一模一样，也就是说，例子中所有的狗都和你一样可爱。"

"不可能！"

"记住，这只是在做假设。经济学家们假设，虽然买家和卖家数量众多，但没有人的力量能强大到能以一己之力对供求关系产生影响。经济学家们认为，人们的行为理所当然是理性的，会做出对自己最有利的决定。经济学家们还假设没有产生外部效应。"

"没有产生什么？"

"外部效应是指对交易的非当事方既没有产生积极影响，也没有产生消极影响。别着急，咱们等会儿就把这些重要的知识点串起来。"

"经济学家们最后还假设，买家和卖家十分清楚自己得到了什么以及为此需要支付多少。"

"好多假设啊。我曾听见你不止一次地对加布和罗茜说，做假设让你和我看起来像个傻瓜。"

"看上去假设确实使我们脱离了现实，但这种距离感同样使我们能从某个角度更清晰地看待问题。还记得伦敦地铁线路图吗？如果地图里包含的是实际线路原本交错甚至重叠的样子，就没那么好理解了。"

"我承认。那完全竞争市场的简单化模型说明了什么？"

"咱们首先从买家的角度出发。用经济学术语来说，买家就是需求方。经济学中的一个主要概念是，人们对金融刺激做出反应。如果一件商品价格下跌，买家便想多买一些。小狗价格变便宜了，人们说不定会去买更多的小狗。"

"从卖家或供给方的角度看，假如商品价格上涨，卖家便想卖出更多，这同样合情合理。将一只小狗以 100 英镑的价格卖出不需要花太多工夫，但要以 1000 英镑的价格卖出，我得拼命吆喝才办得到。"

"没啥好奇怪的。"

"确实，不过这只是铺垫。我将讲到一个极为重要的知识点，希望你认真听课。"

"竖着耳朵呢。"

"好，重点来了：经济学家们预测，某件商品——比如例子中的小狗——的价格会调节至需求数量等于供给数量的水平，即均衡。"

"这真是重点内容吗？能再详细点吗？"

"你还真难满足。需求数量、供给数量和价格之间存在动态关系。如果对小狗的需求量增加，更多人想要购买小狗，那么在小狗数量和其他条件不变的情况下，价格将出现上涨。这正是我们在新冠疫情中看到的现象。许多只能待在家里的人想要一只爱犬陪在身边，需求量急剧上升，可爱的小狗的价格翻了不止一倍。"

"一提到我的同伴们成了交易对象，我就开心不起来。能举点别的例子吗？"

"行，就以狗粮为例好了。想象一下，出于某些原因，狗粮的价格暂时高于需求数量等于供给数量的均衡水平。由于价格偏高，卖家数量会高于买家数量。市场上的狗粮出现剩余，仓库堆满狗粮，最终卖家为了处理库存，削减各自的卖价，商品价格开始下跌，直到——你应该猜着了——达到需求数量等于供给数量的均衡水平。"

"现在想象一下相反的情况。价格低于需求数量等于供给数量的均衡水平。狗粮变便宜了，于是狗主人赶紧囤货。现在的情况是，买的人太多，而狗粮远远不够，商品出现短缺，因此供给方会开始……"

"抬高价格。"

"直到？"

"达到均衡。"

"非常棒，你现在是个'经济学家'了。神奇的是，市场有一个能自动进行自我调节的机制。如果价格上涨带来更大利润，久而久之，卖家就会转向生产这种产品。如果价格下跌，卖家则不得不提供其他产品。这种供求关系的自我调节模型就是亚当·斯密提出的经济发展模型。任何经济学专业的学生都不会对这一模型感到陌生。"

"另一个重点：经济学家们用高效率一词来形容这样的市场。高效率的市场意味着买家不必排长队才能买到所需商品，卖家也不会有摆在货架上卖不出去的商品。然而，高效率和公平的结果并不是一回事。经济学家们显然也不认为干预是不可能或不应该的。这一原则通常被称为供求定律，但实际上它由需求定律和供给定律这两个不同的定律组成。需求定律指当商品价格偏高，买家对经济商品需求减少；供给定律指当商品价格偏高，卖家会增加经济商品的数量。"

"物品的价格不是来自其内在价值，而是来自供求关系的相互作用，这听上去多少有些违背常理。亚当·斯密以钻石为例，给出了著名的解释。为什么我们如此珍视钻石却不珍视水？如果用常识来解释，给出的答案应该刚好相反才对，毕竟水对生命不可或缺，而钻石则是可有可无的昂贵物件。大体上说，这是因为很多人愿意出高价购买钻石，而钻石供给十分有限。与之相反，水虽然至关重要，但由于供给与需求相比（暂时）充足得多，因此水的价格极其便宜。在经济学家眼中，商品价格是需求（我们愿意花多少钱购买它）和供给（供应是否充足或便宜）相互作用的结果。需要强调的是，经济学并不审视价格产生的道德层面，内在价值对经济学家们来说没有意义。价值是交换价值，仅此而已。"

"有没有可能买到镶着钻的项圈？"

"你这种邋里邋遢的老狗戴着会不会太亮闪闪了？"

"我又没说是给自己买的。这里刚搬过来一只哈巴狗……"

"佩内洛普（Penelope）？"

"也许吧。我没太听清她的名字……"

"咱们用不着提钻石项链，我是说钻石项圈。或许我应该再换个例子，来比较两个不同的出租车市场是如何运转的。伦敦的黑色出租车以安全性和舒适性而闻名。你对家附近的路灯有多熟悉，出租车司机对整个伦敦就有多熟悉。搭乘黑色出租车的成本缺乏弹性，你只需要支付规定的车费。这个关于市场的例子并不太符合完全市场竞争的模型。晚上、周末和假日的收费比平时略高，但除此之外的收费是固定的，这造成了出租车供给不足的现象时有发生，人们有时甚至很难叫到出租车。新冠疫情发生之前，当你从打烊的酒吧里走出来，能不能叫到出租车全凭运气。可有的时候，出租车却排着长队，司机们百无聊赖地等待乘客的到来。"

"优步公司的运作模式则完全不同。公司发展出了一套十分精密的算法，能在司机数量不足的时候上调车费。定价的目的是找到一种使乘客需求与司机供给相匹配的'均衡'价格。公司的运作模式非常成功，车费涨幅很大。当乘客对优步公司的服务需求增加，车费也随之增加。这是个（少见的）比较符合假想的完全竞争模型的真实市场。"

"可我记得哲学家念叨过优步多么邪恶——他们怎么剥削工人……"

"提得好，蒙迪。哲学家这一次总算没完全说错。人们对优步公司的批评不无道理。从酒吧里出来打车的消费者或许从便宜的车费中得到了好处，然而对司机来说，情况就没那么乐观了。长久以来，优步公司一直声称司机员工是个体经营者，这意味着公司可以将税额最小化，司机享受不到假日津贴、病假工资或养老金待遇。再重申一遍：经济学家们提出完全竞争模型的初衷不是为了说明所有市场本该是怎样的，我们很有可能想要对市场进行干预。经济学家们只是在提出问题：这一模型是否有助于我们理解影响当今经济供求关系背后的力量？"

"嗯……我赞成你的说法，可你们人类太善变了。你们不是一直在追求变化吗？还记得有回哲学家整整一个月除了玉米片什么都不吃吗？饮食习惯还真够奇怪的。要是你俩一个月都滴酒不沾，对西汉普斯特德的葡萄酒市场该是多大的打击。"

"脸皮可真厚。在价格浮动的市场，当需求（供给）产生变化，价格和数量也会随之变化。2020 年春季发生的新冠疫情给我们提供了大量实例。不知道为什么，人们突然开始囤积卷纸。"

"要是世界大灾难来临，脏屁股是不是真的会成为你最头疼的问题之一？"

"是的，囤积卷纸确实有点让人难以理解。不过话说回来，新冠疫情使人们对各种商品的需求一下子增加了：口罩、免洗洗手凝胶、药品、保质期长的食物，甚至还有狗。有的地方还出现了物价骤升。公众对此相当反感，政府部门有时会介入以防止'哄抬物价'的行为发生。纽约的政府部门对哄抬洗手消毒液和清洁用品价格的商店处以罚款。还有的地方物价虽然保持不变，但你就是买不到需要的东西了，许多商店开始实行配给制。以上两种反应（物价上涨和为应对商品短缺的配给制）都是一个简单的市场模型所能预测的。"

"最后还得说个术语，讲讲弹性是怎么回事。如果一件商品价格很高，人们自然就买得少了；如果价格降低，人们自然就买得多了。那么问题来了：人们对价格变化究竟有多敏感？弹性的说法由马歇尔提出，用来描述人们对价格的敏感度。对价格变动做出反应的需求被称为弹性需求；没有及时对价格变动做出反应的需求被称为无弹性需求。咱们在下次散步时，再来详细讨论人们是如何对激励做出反应的。你现在只需要记住，弹性提供了一种标准：价格与需求成反比关系。"

"好的，明白了——应该吧。市场很聪明。当供求平衡时，价格趋于稳定。当供大于求或供不应求时，价格或可购买的商品数量也随之变化。弹性能让你明白价格调整的幅度。市场一直都是这样运转的吗？"

"以上只是你对运转正常的市场的一种描述，但不是所有的市场表现都能一直尽如人意，就像狗和孩子的表现一样（包括哲学家们）。资产市场尤其特别。"

"资产？"

"不是买来消费的东西。我们要么将资产存起来，要么转卖，要么用于投资。"

"明白了。好比我看到一块骨头不是狼吞虎咽，而是把它藏起来。"

"差不多吧。如果你买商品用来消费，价格上涨一般会导致需求减少。不过，要是你买来当成资产，情况就不一样了。你成了自我实现的预言家，认为现在的高价意味着今后价格的攀升，结果等来的却是一个泡沫（至少在一段时间内是如此）。最终泡沫破裂了。"

"泡沫？谁会不喜欢泡沫呢？"

"当商品价格远远超过了其内在价值，就好比买家发现了一辆疾驰的花车，拼命想要跳上去，整个市场陷入疯狂，此时泡沫就出现了。"

"泡沫？花车？你这比喻让我有点摸不着头脑了……"

"哦，对不起。我举一两个例子，你就能更好理解了。历史上第一次著名的经济泡沫发生在 17 世纪早期的荷兰，当时全社会盛行对郁金香的狂热追捧。一些稀有品种的郁金香甚至卖出了比阿姆斯特丹的一幢宅邸更贵的天价。20 世纪 90 年代末，科技公司股价大幅攀升，互联网泡沫出现。2000 年，股市几乎在一夜之间崩盘。像所有的泡沫一样，它最终破裂了。2007 年还出现了美国房地产市场泡沫，房价从之前的呈幂指数增长到突然崩溃。很多人认为下一次会破裂的泡沫是比特币（很快还会出现更多泡沫）。

获得过诺贝尔经济学奖的罗伯特·希勒（Robert Shiller）因为成功地预测了前几次经济泡沫而闻名。他认为最近的比特币现象体现了集体非理性行为。希勒把人们追逐泡沫的行为比作大众妄想症，前者可通过清单中的症状进行逐一比对。他给出的清单如下：

（1）一段时间内迅速上升的价格。

（2）人们向身边的人解释最近价格上升的原因。

（3）人们告诉身边的人自己赚了多少。

（4）人们对自己没有参与其中感到嫉妒和后悔。"

"我有点儿糊涂了。你之前说我们如此富有是因为市场的缘故，还谈到了完全市场，而你现在却跟我说经济泡沫。我明白自己是一只狗，钱对我来说没那么重要，可郁金香的那个例子也太不可思议了。市场究竟是无所不知，还是一无所知？"

"市场有时运转正常，有时运转失灵。只有熟悉市场的运作规律才能理解和改善经济体制。可要是碰上了资产市场，肯定会时不时地出现大众妄想症。"

"也就是说有时市场会变得疯狂。这是不是意味着我们或许应该换一种体制？明智理性的那种？"

"人们已经尝试过的主要替代方案是中央计划经济。"

"哦，咱们第二次散步时提到的指令性经济？"

"没错。"

"刚才正想来着。让一个聪明人负责规划如此重要的经济，这种做法还挺有道理的，对吧？"

"这种做法从某些方面听起来确实很有吸引力。从表面上来看，市场似乎无法做出井然有序的安排，很多人不明白一种基于人人想为自己达成最好交易的体制比中央计划好在哪里。讲个有趣的故事。20世纪60年代，一位苏联官员访问伦敦时问了一个问题：'谁在负责伦敦的面包供应？'很显然，答案是没有人。"

"好，就算你说得对，自由市场比计划经济带来了更快的经济发展，原因是什么？"

"自由市场最著名的支持者之一是奥地利经济学家哈耶克。我在前面提到过他。人们一般认为中央计划经济不成功的原因和激励有关。如果每个人的基本生活需求都得到了满足的话，为什么还要拼命工作呢？哈耶克指出了指令性经济的一个更为微妙的问题。价格是一种信号，它告诉你某种商品的相对稀缺程度，而这一信号是中央计划经济所不具备的。他举了一个例子：一个小商人在考虑该不该使用锡作为工厂的原材料。假如出于某种原因，锡出现短缺，这个商人不需要知道出现短缺的具体原因，只需要知道锡的价格稍涨，如果使用别的原材料会更省钱。这一小小的决定会迅速波及整个经济体制，不仅影响锡的用途，还会影响人们如何使用锡的替代品或替代品的替代品。"

"市场的好处除了能产生更高效率，还有道德层面的原因。市场的本质就是自由。哈耶克和米尔顿·弗里德曼（Milton Friedman）等经济学家认为，市场为人们提供了自愿合作的途径，而不是由某个政府机构叫他们能做什么或不能做什么。自由市场压缩了我们生活中听从于政治权力的部分。"

"嗯，听起来挺不错的。但是如果你穷得什么市面上的东西都买不起呢？我感觉也没那么自由嘛。"

"这是个很好的想法。从地主和工人之间讨价还价能力的差异可以清楚地看出哪一方是交易中最大的受益者。亚当·斯密对此有着清醒的认识。这是一个非常宏大（且重要）的话题，我觉得可以把它拿出来单独作为下次散步的主题。现在咱们还是回到市场上来。"

"我很期待。听你这么一说，市场简直太令人向往了。可难道市场就没有出错的时候吗？"

"完全摒弃市场是十分糟糕的想法，但这并不意味着市场是完美的。有充分的理由表明，生活中不少方面并不需要用到市场。家人朋友之间的相处就与市场无关。加布和罗茜不需要从哲学家和我这儿购买抚养服务。有时我们还会主动对某些市场说不，比如非法毒品和人体器官交易市场。"

"不应由市场安排一切可能有以下两个原因。第一个原因是公平问题；第二个原因关系到我们最初谈论市场模型时做出的假设是否能被证实。咱们在下次散步时再重点谈公平和不平等问题。如果我们之前做出的假设不能被合理证实，那么市场表现会低于预期。蒙迪，还记得关于完全竞争市场的假设是什么吗？"

"记得，当然记得。我认真听课来着。第一个假设是……抱歉，我想不起来了。"

"没关系。咱们快到家了，要不先在这张长椅上坐 5 分钟，我再仔细给你捋捋。我说过，我们要先假设人们总能判断出哪些部分是对自己有利的，但事实果真如此吗？如果人们在买什么方面没有做出'正确'的选择，市场或许并不能有效地提高人类福祉。可问题的关键是，如果我们不相信人们能做对人生中的重大决定，那么我们该相信谁呢？我认为，即使人们不能总为自己做出正确的选择，将政府官员替你选择作为替代方案带来的后果可能更为糟糕。即使政府能做出健康饮食方面的合理选择，人们是不是就非得违背自己的意愿，哪怕这种选择对自己是有好处的？"

"我们做出的另一个假设是，和整个市场规模相比，作为个体的买家和卖家只是很小的一部分。这一点很重要，因为没有哪个买家或卖家的影响力能大到可以决定市场价格。然而，现实往往是不一样的，垄断便是一个极端的例子，也就是由一家公司完全主导市场、随意定价。之前讲过的优步公司因为使用咄咄逼人的策略将竞争对手逐出市场而倍受指责。亚马逊公司同样以行事风格强悍著称。在互联网发展初期，马克·洛尔（Marc Lore）和校友维尼特·巴哈拉拉（Vinit Bharara）共同创办了倍婴适（Diapers）网站，向手忙脚乱的新手父母售卖纸尿裤等婴儿用品。亚马逊公司看好网站的生意，提出买下其股权。不想失去独立权的两位创办人拒绝了亚马逊公司。之后，亚马逊将纸尿裤的价格下调了30%。只要倍婴适调整自家价格，亚马逊就会相应调整价格。亚马逊做好了长期巨额亏损的准备，对方根本不是它的对手。一系列艰难的谈判过后，倍婴适最终被亚马逊公司收购。"

"真狡猾。"

"我还说过，我们假设完全市场不会产生外部效应……"

"帮我温习一下，什么是外部效应？"

"外部效应指某种商业或工业活动对交易的第三方产生影响，但并没有体现在市场价格中。污染便是一个典型的例子。外部效应是个宏大的话题，咱们找时间单独再说。"

"最后一个常见的假设和完全信息有关。买家和卖家了解交易商品的价格和质量。如果信息掌握不全，市场通常无法高效运行。这个话题咱们同样以后再谈。"

"蒙迪，你看，以上所有假设都有被质疑的空间，真实的世界中不太可能出现符合完全竞争的教科书式的模型。模型的意义在于帮助我们思考供求背后隐藏了哪些力量，市场在什么情况下会运转良好，什么情况下会出现问题以及我们如何进行补救。"

"对于市场也出现了更多评论的声音。有人坚持认为市场会腐化我们。迈克尔·桑德尔（Michael Sandel）相信市场是不道德的，因为它鼓励人们把自己看成与社会隔绝的个体而不必在意自己的行动带来的后果。自由放任经济学把每个人看成是一个经济单位，人人冷静地为自己谋求最大的利益，和自私的机器人无异。"

"你肯定会对物质财富是幸福生活的唯一标准提出质疑。爱、友谊和家庭，所有生命中重要的东西都没法放在组成市场的那张精细的交易网络中。"

"不过现在我想强调的是，物质财富虽然不是万能的，但它的确与我们珍视的事物有着千丝万缕的联系。当夜晚的照明和取暖人的唯一方式是燃烧动物粪便，还带着呛人的烟雾，这样的生活很难说是幸福的，而全世界仍有几百万人正在遭受着这一切。假如市场能解决照明和取暖问题，那么我们就有道义上的责任去了解市场及其可能带来的好处。"

"你说什么？燃烧动物粪便？你把我的粪便装进袋子里不是因为这个吧？"

"不是，但最好别跟哲学家提，不然他会用这个方法节省家里的燃料费。"

第五次散步

家庭行为：你不能永远得偿所愿，但如果你尽力

本次散步的话题：人们如何对激励做出反应。由于资源有限，人们通过交易获得所需。我们讨论了规则的例外情况：吉芬商品和韦伯伦商品。我们探讨了收入增加如何影响不同类型的商品（蒙迪意识到自己是一件奢侈品）。最重要的是，我们如何对最宝贵的时间资源做出选择？凯恩斯究竟说得对不对？

今天细雨蒙蒙，对花园里的植物挺好，可对散步就未必了。我和蒙迪选择蜷缩在温暖的沙发里。蒙迪年纪大了，很清楚这种天气出门对身体没啥好处，不过他肯定不会承认。

"承认什么？"

"哦，没什么。我又在自言自语了吗？"

"有点儿。今天的主题是什么？"

"还记得昨天咱们讲到市场是如何运转的吗？"

"嗯。"

"我讲过，一般情况下，某种商品的价格下降，意味着人们会购买更多此类商品，我们有时称之为需求定律。"

"对，我想起来了，还有它的最佳搭档：供给定律。"

"很好，不过今天咱们主要讲需求定律。让经济学家们头疼的是，供求定律不像物理定律那样有规律可循，但需求定律总体而言是可靠的。我今天想深入探讨两个关键的观点：第一，我们会对激励做出反应；第二，交易是反应的一部分。米克·贾格尔（Mick Jagger）有句名言'你不可能永远得偿所愿'（对了，他曾就读于伦敦政治经济学院）。有个经济学术语叫'机会成本'，出现商品短缺时你不得不进行交易。"

"史蒂文·兰兹伯格（Steven Landsburg，罗切斯特大学经济学教授）说过，经济学大致可以用这几个字概括：'人们对激励做出反应'；其余部分都是对此的解释。哈耶克也曾有过类似的著名论断，他认为自由市场之所以成功，是因为价格包含了人们掌握的信息以及对信息做出反应的理由。"

"我是一只狗。我对美食、散步和揉肚子做出反应。再给我举一些关于价格的例子。"

"2015 年，英国政府出台了每只塑料袋 5 便士的收费标准，据估计，塑料袋的使用由此减少了 80%。2003 年，伦敦开始征收交通拥堵费，10 年后，伦敦的交通拥堵现象减少了 10%。2014 年，墨西哥政府开始对含糖饮料征税，第二年含糖饮料销量下降了近 10%。政府通过征收诸如此类的税以劝阻人们做某件事。征税带来了双赢的结果，因为它既可以促进公众健康，又可以增加税收。我在这里并不想争论征税究竟是好是坏（有人说征税打击的主要对象是那些最贫穷的人），而是想指出征税是有效的，表明我们对价格信号做出了反应。某件商品的价格一旦上涨，我们购买的数量就会减少。"

"如果可乐变贵了，你也许就不想买那么多了，这点我能明白，毕竟没人真正要喝可乐。可要是这样东西是你确实需要的呢？"

"问得好，蒙迪。我们已知人们会对激励做出反应，但反应的程度同样是我们想了解的。有时人们对价格变动十分敏感，有时却不够敏感。还记得咱们讲过的弹性吗？"

"啊，记得。价格上涨则需求下降，这就是弹性。那天和孩子们出门吃饭，哲学家穿的是带有弹性裤腰的裤子，还点了一盘16英寸的比萨。"

"画面感很强，谢谢。正如你所说，人们对可乐的需求会随其价格波动产生变化。可供选择的同类品牌很多，再说不喝饮料也没什么大不了的。要是一种品牌的商品价格上调，人们的反应是转而购买其他品牌。可如果你得开车去工作，你对汽油价格的变化就不一定那么敏感了（这种需求相对来说可能是无弹性的）。"

"我在想，弹力裤的市场到底是弹性的还是无弹性的？难道是无弹性的？要是裤腰没有弹性了，哲学家的裤子就会掉下来，对吧？"

"咱们接着往下说。虽然比起换一种可乐品牌，人们少用汽油的可能性更小，但至少可以选择其他策略，比如和别人拼车，开更省油的汽车，或改骑自行车。不少公司清楚地意识到人们对自己的产品需求的弹性程度。网飞公司（Netflix）在研发新的产品方面一直斥资巨大，其在美国的产品价格也在不断上涨。网飞公司笃定用户对其产品的需求是相对无弹性的——更高的价格并非意味着网飞公司会失去众多用户。"

"各国政府也应当留意需求弹性。如果加大赋税能增加税收（而不用改变某种行为），就没有必要盯着一件对价格十分敏感的东西不放，不然到头来人们的需求大幅缩水将导致政府税收下降。1696 年英国政府征收的窗户税就是其中一例。"

"等等，对窗户征税？就是说窗户越多，你缴的税就越多？"

"说得没错。乍一听，对窗户征税是个好主意。人们很难做到把窗户遮起来不让别人发现，因此逃避窗户税是不太可能的。而且这个主意听上去也很公平，毕竟窗户最多的大房子里通常住的都是有钱人家。然而，正如经济学家们预料的那样，人们开始用砖头将自家的窗户封起来。低收入者住在廉价的公寓楼里，生活环境恶劣不堪。有的房主甚至将所有楼层的窗户全部卸下来。窗户税让窗户变得更贵了，人们'要求'减少窗户数量。查尔斯·狄更斯（Charles Dickens）曾发表公开批评，说本以富人为目标的征税剥夺的却是穷苦人的空气和光线。窗户税最终于 1851

年被取消。"

"窗户税就此谢幕了。"

"完全正确。同样地，我们对拿到报酬的方式做出反应：如果有人给我们付的是佣金，我们通常会加倍努力干活。这里举一个历史上极其残忍的例子。英国政府曾将运送囚犯到澳大利亚的任务承包给私人船只。一开始，英国政府支付的是统一的费用。1790 年至 1792 年，有 12% 的囚犯死在了途中。由于船长可以在船只抵达澳大利亚后将未被使用的生活物资转手卖掉，让囚犯死得越早越好成了有利可图的事。某艘船上的囚犯死亡率竟然高达 37%。如何解决这一问题？在看清船长自私自利的本性后，英国政府决定按下船时实际到达澳大利亚的人头向对方支付费用。这样一来，囚犯的死亡率降至几乎为零。"

"嗯，我明白激励和需求定律是怎么一回事了。不过你不是说过有例外情况吗？"

"需求定律几乎可以说是经济学中最不容易出错的定律了，但仍然存在例外情况。吉芬商品（Giffen good）[以 19 世纪英国的一位公务员罗伯特·吉芬爵士（Sir Robert Giffen）的名字命名] 便是其中的一种。吉芬商品指的是价格的上升反而带来需求的增加。"

"为什么会出现这种情况？假设你很穷，只能买得起两种食物：诸如大米之类提供热量摄入的主食和少量肉类。想象一下，现在的米价上涨。你摄入的热量刚刚够满足身体需要，如果你继续买肉，就不得不减少对大米的消耗。可这么一来，生存所需的基本热量摄入就会不足。你只能选择不再买肉，才能买到更多大米——即使米价已经上涨。"

"价格上涨使需求增加的另一种例外情况叫韦伯伦商品，不过导致韦伯伦商品出现的原因却大有不同。说不定有人会认为你就是一种韦伯伦商品（Veblen good），蒙迪。"

"虽然我不懂是什么意思，但听起来应该是件好事。韦伯伦商品是好的，对吧？因为说实话，吉芬商品怎么听上去都挺不好的。"

"一会儿你自己来判断。韦伯伦商品以经济学家托尔斯坦·韦伯伦（Thorstein Veblen）的名字命名。他创造了'炫耀性消费'的说法。比如，人们购买爱马仕包或者是你。蒙迪，你可是一只高等狗。"

"太对了。不过炫耀性消费的意思是……"

"消费是用来炫耀的，差不多是这个意思。以吉芬商品为例，价格上升使需求增加是因为贫穷所迫，但韦伯伦商品的消费目的恰恰相反：为了彰显自己的身份地位。人们之所以购买这些商品，不仅因为它们是奢侈品，最重要的是，它们是别人认识的奢侈品。一个爱马仕包的标价可超过一万英镑，而且还被人为打造成限量款。你不可能走进某家爱马仕专卖店直接买走一个铂金包。你得先下订单，等着付款的人数还不少。但是，如果包的价格变成原来的十分之一甚至是百分之一，每家百货店里的货架上总有现货，我们有理由相信人们对包的需求会下降。"

"我就是这样的？身份象征？"

"至少有的狗是这样的。言归正传。我想通过以上的例子向你说明，除了某些例外情况外，我们对价格变化做出的反应是有规律可循的。"

"这里要讲的另一个关键概念是，消费者的交易行为不可避免。我们手中的时间和金钱有限，因而必须学会更好地利用这些资源。要做成一件事往往意味着关闭做另一件事的通道，经济学家把这些'失去的机会'称为机会成本。机会成本很容易被忽略。打个比方，人们在计算上大学的成本时，通常会将学费和生活费考虑进来，但他们很可能没有想到如果不上学而去工作能挣多少钱，这就是机会成本。如果我决定今天下午带你去散步，机会成本指的是出门的这段时间我能挣多少钱。"

"明白了。"

"我们通常会有一个预算方案，并在此基础上试着找到不同商品和服务的最佳搭配以满足我们的偏好。问题是，当我们有钱了以后，预算增加，需求会发生什么变化？为了回答这一问题，经济学家们观察对不同商品的需求如何随着收入的增加有所变化。他们把商品分成劣等商品和正常商品两种。"

"听起来有一点绝对……"

"也许吧，事实也的确如此！劣等商品指当收入增加，需求随之下降的商品，如廉价食品、超市里没牌子的产品、自行车（至少以前属于这种）等。有的人无法从信誉更好的机构获得货款，还会申请发薪日贷款。人们之所以这样做，是因为他们买不起真正想要的东西。"

"与之相反，正常商品指需求的增加与收入成正比的商品。之所以称之为'正常'，是因为它符合我们的期望：如果你手头上的钱多了，自然想多买一些东西。正常商品还可分为必需品和奢侈品。"

"奢侈品是指人们有钱以后将收入中的相当一部分用来购买的商品，比如跑车、名表或者像你一样的名贵狗，蒙迪。假如你没钱，你不会将钱浪费在这些东西上。假如你有钱了，你就有能力挥霍了，而且通常会这样做。"

"对食物等必需品的需求同样随着收入的增加而增加，但需求增加的幅度相对较小。"

"你能解释一下为什么需求增加的幅度相对较小吗？"

"好的。以食物为例。通常来讲，人们手头有钱了，在食物上的花费就会更多。他们不仅买更多的食物（他们扔掉的食物更多），还会买更贵的食物，但他们在食物上增加的花费不会超过增加的收入，毕竟你只能吃这么多。"

"说到吃，咱们去那家咖啡馆点一份培根三明治怎么样？"

蒙迪有多爱吃培根呢？这么说吧，一个经济学家在研究显示上个税务年度的培根生产数据的电子表格时的心情肯定都没他高兴。蒙迪蹦蹦跳跳地跑开了，还不忘叼走放在门厅椅子上的那根牵狗用的皮带。我之前说过，他对大多数和狗玩的把戏都瞧不顺眼，但对于拿走自己的皮带却相当在行。我把皮带给他系好，然后一起往商业街走去。据我观察，租赁、费用、供给和需求之间的相互作用将提供了各种选择的便民商店变成了——算不上是单一文化——一种三角文化聚集地：咖啡馆、慈善商店和美发店主导了我们的生态环境，正如世界大灾难来临之时，老鼠、蟑螂和鸽子会再次成为世界的主人一样。我们进了一家有些年头的非连锁咖啡馆，找了一处舒服的角落坐下来。

"蒙迪，咱们今天讲到了经济学家所说的'短缺情况下的决策'。那什么是最为短缺的资源？"

"饼干？"

"时间。"

"哦，说得没错。在我们狗看来，你们人类挺古怪的。为了赚钱成天伏在电脑面前，你带我去散个步不好吗？有些人居然付钱请别人带狗去散步，这跟你出钱请别人替你吃饭有什么区别？"

"我的朋友，你真是个聪明的家伙。我们是有责任感的成年人，必须学会在工作和生活之间找平衡，可结果却总不尽如人意。想象一下，你有一份每周工作40个小时的工作，每小时的薪酬是10英镑。这样一来，你每周可以有400英镑的开销。"

"所得税？"

"什么？"

"我说不好所得税究竟是什么，不过哲学家认为人人应当多纳税，你却认为人人应当少纳税。"

"嗯。假设一下不存在税收这种东西。要是你撞了大运，每小时的薪酬涨到了原来的6倍，也就是60英镑。你是愿意继续每周工作40个小时以享用多出来的购买力——现在你的汗爪子里握着2400英镑，还是决定满足于现状，拥有更多属于自己的时间？如果是后者，你可以将每周工作时间缩减到不足7个小时。你会怎么做？"

"嗯，我是一只狗，我肯定选择拥有更多属于自己的时间。再说了，薪酬涨到原来的6倍，这现实吗？太不靠谱了。"

"我之所以用6倍这个数字，是因为这差不多是美国人平均每小时的实际收入在整个20世纪的增长幅度。1930年，约翰·梅纳德·凯恩斯（John Maynard Keynes）写了一篇名为《我们子孙后代的经济前景》（*Economic Possibilities for Our Grandchildren*）的文章。身处经济前景极度低迷的大萧条时期，凯恩斯本人却是个乐天派。他曾说此生唯一的遗憾就是香槟没喝够。在这篇文章中，他做出了关于100年后子孙后代生活的两个大胆预测。现在差不多就是100年后。第一个预测是，由于技术进步，我们的生活水平会比从前高出4至8倍。第二个预测是，我们因此只需要每周工作15个小时。"

"我没有仔细算过，不过你们人类每周工作时间似乎不止15个小时……"

"凯恩斯的第一个预测几乎完全正确。我刚才说过，美国人的收入在20世纪增加到原来的6倍以上，但是凯恩斯的第二个预测显然错了。有位记者想要找到他的后代并询问他们每周的工作时长。"

"然后呢……"

"这个记者发现他并没有后代，不过倒是找到了凯恩斯妹妹的外孙尼古拉斯·汉弗莱（Nicholas Humphrey）。他是一位研究演化心理学的大学教授，现已退休。据他估计，自己每天工作15个小时。"

"凯恩斯为什么会错得这么离谱？"

"哈佛大学经济学家理查德·弗里曼（Richard Freeman）提出的观点是，凯恩斯错在把休闲时光当成了奢侈品。还记得咱们之前说过吗？你手头的钱越多，在奢侈品上的花费就越多。因此，如果休闲时光是奢侈品的话……"

"我们越有钱，'买'的休闲时光就越多。"

"没错。凯恩斯预测，我们越有钱，休闲时光就越多，经济学家称之为收入效应——我们的钱越多，买得就越多。然而现实往往并非如此。举几个电影明星和体育明星的例子。阿诺德·施瓦辛格（Arnold Schwarzenegger）拍完第三部《终结者》（*The Terminator*）电影后拿到了 2900 万美元片酬。篮球明星勒布朗·詹姆斯（LeBron James）2021 年的收入据说达到了 9400 万美元。他们为什么不干脆辞掉工作开始享受休闲生活呢？"

"或许他们喜欢自己的工作？"

"肯定有这方面的原因，凯恩斯显然忽略了这一点。不少人从工作中找到了生活的目标和意义。凯恩斯所指的很可能是在工厂里做苦力或在办公室里干着无聊透顶的工作的普通人。况且，他做了自己明知不该做的事。虽然他拿香槟打趣，但实际上，他并没把自己的身体当回事，直到去世的那一天还在拼命工作。"

"除此之外，还有一种经济效应朝着相反的方向起作用，这就是替代效应。也就是说，当某件东西变贵（比如休闲时光），人们就会转而去买别的东西。咱们再来做一个假设。想象一下，你每天要花费 500 英镑。你可以选择工作（把 500 英镑赚回来），或是在明媚的好天气去公园散步。你会怎么选择？"

"嗯，我很想去公园，可 500 英镑是笔不小的数目，我突然觉得去公园太奢侈了……"

"这正是我们说的替代效应。在平衡工作和休闲时，对赚得多的人而言，会觉得休息就是在'烧钱'。当然，这并不是说你的自由时间是要花钱来买的，不过还记得之前提到的机会成本吗？你的自由时间的机会成本和工资的增加成正比。你的工资增加会带来两种变化。每小时工作的收入变多了，这便是收入效应。在自由时间不变的情况下，你可以有更多消费；但与此同时，你的自由时间也变贵了，于是你有了延长工作时间、减少休息时间的动力，这便是替代效应。"

"接下来会发生什么？替代效应和收入效应谁会最终胜出？"

"我们可以通过回顾历史找到答案。工业革命带来了工资的大幅上涨。人们用多出来的工资买了更多自由时间还是更多商品？两者都有。"

"工业革命期间，工作时长增加得很快，一个普通工人每天要工作 18 个小时。1832 年，英国成立了一个议会委员会调查工厂状况，报告显示儿童每天工作 19 个小时，中间几乎没有休息时间。从 1870 年至 1950 年，所有发达国家的工作时长大幅下降。从 20 世纪 50 年代开始，出现了一个有趣的现象：欧洲的工作时长持续下降，而美国工作时长的下降开始趋缓。现如今，美国人的平均收入虽然更高，但比起许多发达国家，他们的工作时间更长。事实上，在 20 世纪末，美国人的工作时长反而稍有增加。"

"如果我没有理解错的话，总的来说做出两种选择的人都有。不过在美国，人们选择买更多商品；在欧洲，人们选择买更多时间。"

"没错。据大致估计，在整个 20 世纪，美国人每小时的工资增加了约 6 倍，工作时长减少了约三分之一。凯恩斯对我们每周工作 15 个小时的预测虽然是错误的，但现代资本主义生产效率的提高表现为人们有了更多休闲时间。假如不是以每周或每年，而是以一生的工作时长为计算单位，那么凯恩斯的预测会更贴近事实。比起从前，我们在教育方面投入的时间更长了。我们的寿命增加了，能享受悠长的退休时光。20 世纪之前，退休是富得流油的人的专属。大部分人得一直工作到干不动为止。"

"也就是说，有人一辈子不需要怎么工作，可有人不得不拼命干活。怎么会这样？"

"首先，你得想想，我们是否如经济学家们假定的那样，可以自由选择工作时长。其次，我们需要的（相对容易满足）和我们想要的（几乎无法满足）是否一样。工作时长的选择其实是聘请者和员工之间的权力制衡。聘请者掌握控制权、工人就业困难、工会权力受限或劳动条例薄弱，这些都给了聘请者更多规定工作时长的权力。你也许可以选择做什么工作，但不能选择工作时长。"

"另一个重要的原因是人们喜欢拿自己和别人做比较，由此产生了军备竞赛般激烈的竞争性消费行为。H.L. 门肯（H.L.Mencken）曾风趣地说：'所谓有钱人，就是比连襟多挣 100 美元的人。'攀比常常会失去控制。经济学家朱丽叶·绍日（Juliet Schor）说，如今的中产阶级从原来的和有钱邻居攀比变成了和名媛攀比。这种行为只会造成达尔文式的恶性竞争，使人债务缠身。"

"凯恩斯在预测时确实注意到了人们的攀比心理（用他的话说，我们把自己和同类做比较是为了获得优越感），但他显然低估了攀比的影响力。凯恩斯认为，我们的绝对需求一旦得到满足，就会将注意力转向他所说的真正永恒的问题：如何利用我们的经济自由'明智、愉悦和健康地生活'。"

"我感觉就在这儿结束挺好。"

"好嘞，咱们回家，下午好好休息！"

第六次散步

公司：完全竞争市场、完全垄断市场和寡头垄断市场

本次散步的话题：经济活动的主要推手——公司。公司是什么，公司运作的因素有哪些？公司是如何定价的？我们如何保证适度竞争，避免完全垄断和寡头垄断？

"上次散步时咱们讲到了需求。蒙迪，你还记得具体都讲了些什么吗？"

"嗯，如果我们赚得多了，就会买更多东西，不是香肠之类普普通通的东西，而是，爱马仕包这类奢侈品。对了，还有镶着钻的项圈。我记得好像还讲到了弹性，除了不让哲学家的裤子垮掉外还有别的用途。有一件人人都会买得更多的东西是看不见的，我说的是休闲时光。不过，我们仍然会努力工作，这和《鸿运当头》[①]（*Opportunity Knocks*）有关。"

"成本，机会成本！我有时在想是不是……好了，说得差不离吧。在今天散步的过程中，我会讲到经济活动的主要推手：公司。"

[①] 电影名，英文名和机会成本的英文 opportunity costs 读音相近。——译者注

"且慢！能不能简单解释一下'公司'的定义？"

"问得好。我们很容易把定义的部分跳过去。公司是一种通过制造或向消费者出售产品或服务以赚取利润的组织。它可以是当地售卖人字拖的小公司，也可以是向全世界一半人口售卖苹果手机的跨国公司。在亚当·斯密生活的时代，大部分公司规模很小，市场仅限于当地。不过也有例外。到了19世纪初，东印度公司的贸易额占据了全世界的半壁江山。亚当·斯密所熟悉的市场一般由众多小商人组成，没有人的权力能大到控制价格。这类市场很像现在的经济学家们所说的完全竞争市场模型。"

"我们现在生活的世界已今非昔比。很多市场受庞大的公司支配，有时还会出现只有一个供货方的市场，即完全垄断市场。更多时候，市场受少数几个大供货方支配，这便是寡头垄断市场。在寡头垄断市场，公司之间产生恶性竞争。"

"亚当·斯密说过：'即使是为了娱乐和消遣，同行也很少聚在一块儿。他们谈话的内容总是以密谋对付大众或算计着抬高价格告终。'21世纪初，佳士德拍卖行（Christie's）和苏富比拍卖行（Sotheby's）就发生过类似的故事。毕加索的名画、私人飞机和阶级斗争共同构成了这个以'出卖'为主题的故事。故事的结局是苏富比拍卖行的老板被判入狱。在此之前一直到20世纪90年代，佳士德拍卖行和苏富比拍卖行形成了有利可图的寡头垄断市场，这期间有 90% 的拍卖额入账。然而，随着拍卖行业越来越不景气，拍卖行之间展开残酷竞争，为了达成交易，只能不断下调支付给卖方的佣金。此时，有人（具体是谁尚无定论）想出一个主意，两个拍卖行将佣金率固定下来岂不正好。美国政府发现其中的猫腻后，佳士德拍卖行的首席执行官克里斯托弗·戴维奇（Christopher Davidge）为换取赦免，向美国政府告发了苏富比拍卖行的同行。"

"这听起来不像经济事件，更像是政治事件或是戏剧故事……"

"你说得有道理，蒙迪。我好像跳过前面的部分了。咱们决定好去哪儿散步后，我再从头开始讲。"

"咱们有段时间没去过樱花草山了。那儿有很多漂亮的贵宾犬，树也美极了……"

我们搭公交车坐了几站，最后在樱花草山上的一张长椅上坐了下来。从这儿能看到摄政公园和动物园。往远处望去，整个伦敦金融城的高楼大厦尽收眼底。

"准备好了吗？"

"耳朵准备好了。"

"经济学之前研究的重点通常是买家和卖家在自由经济市场上的交易方式，但公司内部的实际运行情况却被忽视了。然而事实是，社会中许多最重要的经济决策不是指个体甚至是政府的交易选择，而是发生在大型组织内部，有其官僚式的复杂的决策结构。"

"不妨举个例子。"

"没问题。我戴的是来自斯普西维斯（Specsavers）公司 ① 的眼镜，公司约有 3.3 万名员工；我给你买的项圈和皮带来自约翰·路易斯百货商店，公司有近 10 万名员工；我手中拿的是一杯星巴克咖啡，公司有 34.9 万名员工；美国的沃尔玛公司有 220 万名员工；麦当劳公司有 190 万名员工 ②。在包括这些公司在内的几百个超大型公司内部进行着大量商业活动，可经济学家们却视而不见。大部分国际贸易来自公司内部产生的交易，而不是公司与公司之间产生的市场交易。汽车制造商和飞机制造商将在欧洲某家工厂生产的车轮和机翼运到美国的另一家工厂。决定所有这些价值数十亿英镑关键交易的，不是市场那只看不见的手，而是公司管理者这只看得见的手。"

"我在想，要是管理者们决策失误，导致他们生产的汽车、飞机或别的什么产品出现质量问题，这些产品可能会找不到销路。市场不就能用这种方式'看见'公司的内部情况了吗？"

---

① 英国的一家连锁公司，主要销售眼镜、隐形眼镜、助听器等产品。——译者注
② 原书为 2022 年数据。——编者注

"说得非常好，蒙迪，不过还有一个问题：公司内部是如何运作的？我们是否能从新古典经济学那里找到有用的信息？或者说最好交给心理学家、社会学家甚至是政治学家来研究？"

"还有哲学家？"

"别胡扯了。经济学可以提供至少两条关于公司行为的有用信息：成本和定价；不同市场的结构。"

"咱们首先来看传统经济学是如何看待公司定价的。新古典经济学的解释大致如下：消费者清楚自己喜欢什么，在权衡价格和预算后，他们选择了能给自己带来最大幸福感的一系列商品和服务。公司之所以存在，是为了赚取利润。每个公司追求利润最大化的方式一样：产出的水平正好处于多生产一单位产品的成本（边际成本）等于多卖出一单位产品增加的收入（边际收入）。"

"等等。边际成本和边际收入是什么意思？利润最大化又是什么意思？"

"经济学家们把成本分为固定成本和可变成本。固定成本指的是即使公司没有生产任何产品仍需要支付的所有成本。比如你开了一家狗狗造型公司，你需要支付的建筑租金是不变的，这跟你打扮一只狗还是一百只狗没有关系。可变成本的费用随着产出量的变化而变化，包括你支付给工人的费用、给狗买洗发水的费用等。由此又衍生出两个重要概念：平均成本和边际成本。平均成本就是，怎么说呢，公司的全部成本除以被打扮的狗的数量。边际成本是当你多生产一单位被打扮的狗以后增加的全部成本。两种成本均随着产出水平的变化而变化。"

"刚才讲的是公式的成本方面，现在咱们来看看公式的收入方面。边际收入是你多卖出一单位产品后得到的额外收入。我们可以把成本和收入放在一个既简单又有逻辑的公式里：当边际收入＝边际成本时，利润达到最大化。"

"我听不懂了。"

"仔细想想，蒙迪。如果多生产和卖出一单位的产品带来的利润大于因此增加的成本，你会继续生产产品，反之则不会。"

"哦，我大概懂了。生产产品是有成本的，只要成本小于利润，你就会继续生产产品。"

"差不多是这个意思。加上图表说明和引入微积分的概念后，就成了新古典经济学看待公司的方式。"

"这种想法现实吗？"

"你得明白，理论是高度概括性的，不过概括性是理论的特点而非缺点。经济学研究的是人类行为的一个重要方面。因为人类行为极其复杂，要想弄明白其中的规律，只有将行为简单化。如果公司不赚钱，甭管要承担什么伦理还是社会责任，都会破产，对于图书出版商和小部件生产商来说都一样。每个商人都要考虑成本和收入问题，不然的话他们都得失业。"

"狗吃狗……"

"我之前说过，经济学家们真正关心的是市场。处在哪种类型的市场对公司尤为重要，这些公司的竞争对手有多少？最关键的是，公司享有多少自主定价的自由？经济学家称之为市场结构。今天一开始，我讲了完全垄断市场、寡头垄断市场和完全竞争市场……"

"对，你最好把这些知识再跟我捋一遍。"

"咱们从完全竞争市场开始。完全竞争市场指的是咱们之前讨论过的一种市场类型：许多公司都在卖同一种产品，每个公司都没有影响价格的能力。如果一家公司的定价高于市场价格，消费者就会去别的地方购买。任何公司都有进出市场的自由，所以阻止新公司加入竞争是不可能的。渐渐地，价格降到与生产成本接近的水平，利润变得微薄。这更像是理论上的理想情况而非真正的现实：很少出现如此完全的竞争。不过现实中确实有与这种情况类似的市场，如小麦和黄金市场。亚当·斯密生活的时代普遍存在的市场也是如此。赶集日这天，一些农民来到小镇上的集市卖卷心菜、奶酪等食物。农民甲卖卷心菜的价格是一先令，要是农民乙想要卖到两先令，到收摊时他还会剩一推车卖不出去的卷心菜。"

"听上去对手头不宽裕的消费者是个好消息。"

"是的。公司之间的竞争把价格降到了刚好能维持自身运营的水平，消费者从中获得不少实惠。"

"不好的消息呢？"

"虽然对消费者是好消息，对工人就未必了。公司为了提升竞争力，会不断降低工人工资和工作条件。"

"真可怜。完全竞争市场就讲到这儿吧，能不能讲讲完全垄断市场和寡头垄断市场？"

"之前的讨论中已经略有提及，现在咱们再回顾一下。完全垄断市场指一家公司控制市场，寡头垄断市场指少数公司控制市场或某个产业。有时这些公司会相互竞争，有时则会相互勾结，如闹翻前的佳士德拍卖行和苏富比拍卖行。在运动服饰和设备领域出现的是事实上的双头垄断。耐克公司和阿迪达斯公司控制市场，其他公司无法靠近。全世界几乎所有的客机都是由空客公司（欧洲公司）和波音公司（美国公司）制造的。"

"仔细观察，我们不难发现更多完全竞争市场、完全垄断市场和寡头垄断市场的例子，其中最为常见的市场组织类型叫作垄断性竞争。公司卖的不是同一种产品，而是不同的产品系列。这给了公司某种市场权力，既能将价格稍稍往上调，又不至于失去所有的顾客。打个比方，当地彼此独立的餐馆提供的菜单各有不同，说不定其中就有你最喜欢的。价格并不是你考虑的唯一因素，最终选择哪家餐馆，起关键作用的是你是想吃印度菜、比萨，还是寿司。不过你也有可能瞄了一眼最喜欢去的比萨店窗户上的菜单价目表，发现常点的玛格丽特比萨或四季比萨的价格突然贵得离谱，你就会另觅他处了。"

"垄断性竞争是品牌打造的开始。公司在图标、宣传语、广告、请明星代言公司的衣服或香水方面斥资巨大，是因为想让消费者相信他们的产品与众不同，从而为自己打造完全垄断的地位。香奈儿生产的可不是什么平淡无奇的香水，玛丽莲·梦露（Marilyn Monroe）用的就是香奈儿香水。阿迪达斯制造的不是普通的球鞋，世界上最伟大的足球运动员之一利昂内尔·梅西（Lionel Messi）穿的就是阿迪达斯球鞋。"

"哇，真是没有想到！"

"嗯，他长得还挺帅的……"

"别偏题！咱们又回到垄断的话题上了。垄断对所有公司来说是不是像圣杯那么重要？他们是不是都想成为丛林之王？"

"是的，前提是他们得能获得垄断地位。通常来讲，拥有垄断地位的公司会利用市场权力控制产量，将产品以更高的价格卖出，避开更为激烈的竞争市场。"

"20 世纪的大部分时期，戴比尔斯集团几乎垄断了整个钻石市场。19 世纪末以前，钻石产量稀少，再加上其天然的硬度和美丽的外观，价值十分昂贵。1870 年，南非的大型钻石矿被发现。投资者们意识到，他们必须联合起来控制钻石产量，造成钻石依然稀有的假象。他们创办了戴比尔斯集团（De Beers Group），并操纵钻石价格一直到 20 世纪末。在早期的一个著名宣传'钻石恒久远，一颗永流传'中，戴比尔斯集团使更多的人相信，钻石代表爱人的馈赠，钻石越大，爱意越浓。20 世纪 50 年代，西伯利亚的钻石矿被发现。戴比尔斯集团与对方结盟共同组成卡特尔（即垄断联盟）。西伯利亚的钻石比南非的要小得多，为了开拓小碎钻的市场，戴比尔斯集团推出了'永恒戒'。集团的调研报告显示，女性对钻石的心理是矛盾的。一方面，她们清楚炫耀性的消费是粗俗的；另一方面，钻石作为公认的财富和成功的象征，又让她们从内心深处无法抗拒。倘若把钻石当作一份'惊喜'的礼物，意味着这个女人可以装作她没有参与挑选钻石的过程——她既保持了纯真，又得到了钻石。戴比尔斯集团的最后一步策略是确保钻石不会转手他人。顾客树立了妥善保管钻石的观念——不然钻石稀有的假象将被再一次打破。"

"真狡猾啊。"

"这么做都是为了建立和维持完全垄断市场。戴比尔斯集团钻石的来路引起了人们的担忧（许多钻石来自饱受战乱之苦的非洲国家，这就是臭名昭著的'血钻'），澳大利亚和加拿大的开采商选择另谋出路，戴比尔斯集团最终失去了压制性地位。即便如此，其垄断地位仍持续了相当长的时间。很多人认为，现代科技巨头如微软公司、谷歌公司和亚马逊公司玩的是戴比尔斯集团的套路，与形成垄断地位仅有一步之遥。"

"如果能形成垄断地位，对公司当然是利好消息。可怎么样才能形成垄断地位？即使真的做到了，如何维持？"

"总的来说，维持垄断地位需要某种进入壁垒，如获得专利、相互勾结（如戴比尔斯集团的钻石骗局），或是政府有意制造垄断。最常见的一种是规模经济产生的自然垄断。"

"什么是自然垄断？"

"当一家公司服务于整个市场成为更有效率的方式，自然垄断便形成了。供水公司是一个典型的例子。建立供水设施的固定费用十分高昂，但一旦建成，边际成本（多生产一单位水的成本）就很低了。此时另一家公司进入并建立同样的供水设施会相当困难（而且造成浪费）。自然垄断的关键原因在于其经济规模庞大。"

"不好意思，你得再给我解释解释。"

"大公司高效运营的原因是其制造产品的成本更低，这是因为不论产量大小，某些固定费用是必须支付的，例如购买水管的费用。研发费用或营销成本也属于这一类。举个飞机制造公司的例子。设计和制造第一架巨型喷气机成本不菲。但装配线一旦到位，接下来制造飞机的成本就会大幅下降。如果某个产业的规模回报呈递增状态，则有形成寡头垄断或完全垄断的可能。这种情况不会出现完全竞争市场。"

"我不太明白，为什么？"

"因为回报递增意味着大公司与小公司相比有巨大的成本优势。市场结构在很大程度上取决于某个产业的技术发展。给狗提供造型的技术含量低、固定成本低，所以规模回报不会呈递增状态。渐渐地，市场上会出现许多小型同行竞争者。如果某个产业的固定成本非常高，不太可能出现许多大公司竞争的情况。"

"哦，明白了。"

"规模变大还可能带来需求优势。由于大公司的名声或网络效应，人们更愿意购买这些公司生产的产品。我在脸书①和推特这样的科技巨头平台上发动态，是因为很多我想联系的人也在脸书和推特发动态。用谷歌的人越多，其搜索引擎就越智能。换句话说，在网络效应的推波助澜下，使用某种产品的人越多，产品价值也随之上升。"

---

① 现名元宇宙（Meta）。——编者注

"成本和需求优势让赢家控制整个市场。有的公司甚至甘愿在相当长的时间内亏损，以'买到'未来完全垄断的可能。亚马逊公司和优步公司就做过这样的尝试。为了将小的竞争对手挤出市场，亚马逊公司曾有效地压低物流和运送成本的规模回报。优步公司的每一单都在亏本，其策略是逼迫对手离开市场，最终自己几乎独揽市场份额。"

"完全垄断总是不好的吗？"

"大部分情况是这样。要是顾客非你家的产品不买，你对他们还能好到哪儿去？在完全竞争市场中，价格接近生产成本，但在其他所有市场中，价格会有所攀升。我们认为，完全垄断市场中的价格是最高的。以苹果手机为例。你也许并不认为苹果手机正在垄断市场，毕竟还有许多其他手机品牌可供选择。然而不可否认的是，苹果公司拥有相当大的市场权力。加布和罗茜说，在学校几乎所有人用的都是苹果手机。从苹果公司定高价的能力，我们就看出其市场权力。2019年，苹果手机11专业版大款（iPhone 11 Pro Max）发布，在英国的售价约为1000英镑，制造成本约为385英镑。在完全竞争市场中，零售成本要和生产成本接近得多。"①

---

① 注意这里指的是只多生产一台手机产生的边际成本，不包括研发之类的固定成本。在将成本价从美元转换成英镑时参照的是 2019 年的平均汇率。——译者注

"政府垄断行为的名声就更不好了。20 世纪 70 年代末，我的父母创办了一家小公司，需要装电话线来接打电话。在那个年代，英国电信公司由政府垄断，几乎不会有在为顾客服务上花心思的动力。我的父母被告知，安装一条新电话线需要等 1 年的时间。有人据此提出，政府不应成为任何商品或服务的唯一提供者，除非私有部门确确实实无法胜任。"

"我隐约感觉你接下来会说'但是'了……"

"你太了解我了，蒙迪！完全垄断行为因其哄抬物价或服务差劲而饱受诟病。可有的时候完全垄断的好处超过了代价。人们常常认为，拥有垄断权能鼓励创新。不少人不愿意花大量时间和金钱潜心于发明创造，因为指不定别人哪天就把自己辛勤劳动的成果搬走了。专利给了投资者在某个期限内出售发明成果的专属权利。事实上，专利以前就被叫作专利垄断。"

"完全垄断的另一个重要特点是竞争性。完全垄断也许不是最佳方案，但只要使公司保持警惕的潜在竞争存在，垄断就能继续为顾客带来价值。"

"最后一点。在自然垄断市场中，某个大型生产商提供商品或服务的成本比几个小生产商提供的要低得多，因此只允许一家公司进入市场会更高效。几套管道同时给你家供气意义不大。让不同的保洁公司在相同的路线上收垃圾会造成巨大浪费（而且挺让人生气的）。在这种情况下，政府通常只允许一家公司进入市场。"

"明白了，完全垄断一般是不好的。那我们对此有什么办法吗？"

"归根结底，政府必须决定何时对完全垄断加以支持或限制。政府一旦决定某家公司成为唯一生产商（即自然垄断），接下来就要面临两种选择。其中一个是公有制。政府的想法是，自然垄断应由大众管理，为大众服务，以防止剥削顾客的现象发生——如定价过高。"

"有道理。"

"没错。政府曾达成过一段时间的共识，那就是国有公司运营低效、浪费资源，需逐渐过渡到允许私有部门管理自然垄断，前提是加以监管，如对公司的定价权限加以限制。英国包括水、电、气在内的公用事业就经历了这一过程。"

"不过，政府正在回归最初的选择，出现了考虑将私有化垄断收归国有的声音。英国铁路系统于 1993 年私有化。有人讨论应当将铁路运营收归国有。英国现有铁路分为两个部分。基础设施（铁轨、信号、路桥和车站）来自一家国有非营利公司。铁路服务通过特许经营由私有铁路运营公司负责。相较之下，大部分欧洲铁路都是由国有公司运营。因此，英国的火车票价在欧洲国家中是最贵的之一便不足为奇了。由于有不同的特许经营公司，达成一致的票价和时刻表十分困难。政府的讨论意见还指出，如果铁路收归国有，国家就能对投资哪些部分的铁路网做出战略调整。铁路网是一种自然垄断，运行良好（可支付范围内）的运输系统能产生广泛经济和社会效益。国家的眼光常常比股东更长远。铁路重新收归国有不必花费浩大，可以在现有铁路经营权不断更新的基础上采取循序渐进的方式。"

"如果完全垄断已经没有任何意义，此时政府应当出面干预，以提高产业竞争力。政府最极端的反应是打破完全垄断。约翰·洛克菲勒（John Rockefeller）于 1870 年创立标准石油公司。到了 1890 年，公司已经控制了美国石油市场的近九成份额。美国政府认为，标准石油公司人为压低油价，排挤竞争对手，一旦将竞争对手清除干净，就开始提高价格，剥削消费者。1911 年，标准石油公司被判定为垄断公司，被分拆成 34 家公司。科技巨头公司不免忧心忡忡，害怕同样的命运会发生在自己身上。"

"鼓励竞争可以采取不那么极端的方式。政府一般会监管产业发展，以确保公司不会滥用市场权力，还会密切留意公司彼此商量好定出高价的勾结行为和公司定低价逼迫竞争对手退出的掠夺性定价行为。另一种公司的负面行为是串通投标。公司之间相互约定轮流提交中标合同。某个南亚国家的四家制药公司在政府的极力鼓励下，约定依次为国际捐赠机构出资的项目提供医疗用品。这几家公司每年碰面 4 次，商量下次由谁当供应商。一家美国制药公司注意到竞标价格走高，于是以低得多的报价提交了一份投标书。于是 4 家制药公司邀请美国公司加入他们的组织。对方同意了。"

"所以政府和大公司之间一直争斗不断。谁是赢家？"

"有人担心市场变得过于集中，因此需要更有效的监管。伊丽莎白·沃伦①（Elizabeth Warren）认为美国经济正在被操纵。怠惰的公司通过牺牲消费者的利益赚取垄断利润。对此出现了两种对立的观点。有一派观点认为，这是因为竞争力超强的公司正在将不合格的公司挤出市场，因此没什么可担心的。另一派观点则称，这不是什么适者生存，而是因为那些大公司得到了监管不力者的允许，不用受到反竞争行为的惩罚。"

"答案到底是什么？"

"很难给出答案。不过有一点是肯定的，市场无法在这种情况下自主运转，监管者得多加留意才行。蒙迪，你也知道，我在商学院教书。经济学专业的学生在某堂课上会学到完全竞争市场

---

① 曾担任哈佛大学法学院教授，现为美国民主党、马萨诸塞州（Massachusetts）参议员。——译者注

的效率问题，在另一堂课上会学到营销策略以及如何不参与竞争。正如彼得·蒂尔（Peter Thiel，风险投资者）所言：'竞争是留给失败者的。'"

"说到这个……"

"明白。你在发抖了，孩子。咱们回家。"

第七次散步

赢家与输家：资本主义、市场和不平等

本次散步的话题：市场如何带来财富与权力的极大不平等。
对此我们可以做些什么？市场效率是不是唯一值得奋斗的目标？
资本主义需要不平等吗？

秋日的阳光透过窗户暖暖地照进房间。今天的天气适合多散
会儿步，正好可以讨论一个重要的话题。

"蒙迪，咱们绕着汉普斯特德希思公园多转转怎么样？"

"这主意不错。"

通往汉普斯特德希思公园的各式街道优雅迷人，我们总会情
不自禁地被那里的富庶之貌所吸引。在伦敦的其他地方，许多大
的老房子被划分成一个个公寓，但这里的大部分房子还保留着原
有的风貌。不少越野车停在路边，车窗黑漆漆的，偶尔能看见一
个身材魁梧的保安站在阴凉处倚靠着车身抽烟。连医生和律师都
买不起这里的房子，这是属于金融寡头和对冲基金经理的地盘。
要是哲学家在，他保准会蹲下来捡起一块石头，做出砸车窗的动
作。"这些人连一分钱的税都不用缴。要是我砸碎了一块车窗，
他们至少得找一家当地的维修店换窗户，说不定得交完增值税才
能走。"不过，这颗石头会被哲学家放进口袋，最后被扔在一棵

树边。哲学家的肩膀泄了气似的耷拉下来。他年纪大了，做不出砸窗户之类的举动了。

"好了，蒙迪。即使是自由市场体制的支持者也不得不承认，资本主义会产生不平等。换句话说，既有赢家也有输家。"

"也就是富人和低收入者？"

"对，但咱们得先理清几个术语。首先，不平等和贫困是两个概念。不平等指的是贫富差距。贫困是指人们的收入水平低于某个绝对或相对的衡量标准。绝对贫困是指收入低于某个足够购买生活必需品的收入标准。相对贫困是和社会的总体平均水平相比较而言的概念。在英国，相对贫困指家庭收入低于收入中位数的60%。随着社会对可接受的最低收入水平标准不断发生变化，相对贫困的衡量标准被更多人采用。我们对生活的满意度在某种程度上取决于与他人的比较。社会越平等，我们就会感到越幸福。"

"第二个要厘清的是收入与财富的定义之间的区别。"

"财富（有时也被称为资本）是私人持有的所有资产存量。你的任何财产都属于财富的一部分，如房产、股票等。收入是你的资金流入，如工资、国家福利和投资回报等。很显然，财富和收入是相互联系的，有时两者有着直接联系，比如你的收入来自房产出租。拿淋浴时的洗澡水打个比方。从水龙头出来的水是你的收入，从排水孔流出去的水是你的花费①，留在地面上的洗澡水是你的财富。一般来说，比起收入，财富的分配要不均匀得多。"

"为什么？"

"财富的积累需要时间，它通常以家族为单位一代又一代地传承下来。"

"说完这个，咱们现在来讲讲经济学家衡量不平等的标准。一个最容易掌握的方法是先将人口根据收入水平分组，然后研究每组应分得总收入的比例是多少。"

"我大概明白了。"

"想象你将社会上的每个人都按照收入水平从穷到富依次排序，然后把他们分成 10 组，每组人数相同。第一组收入位于 1/10 以下，最后一组收入位于 9/10 以上。"

"明白。"

"接下来你可以观察每组的收入值。很显然，在一个完全公平、平等的社会，每组的收入是一样的。现实却不尽相同……"

"可不是嘛。"

"法国经济学家托马斯·皮凯蒂（Thomas Piketty）使用这种

---

① 严格意义上来说，从排水孔流出去的水代表的不仅是你的花费，还包括你的资产贬值的部分。——译者注

方法观察财富分配模式（和不平等）在过去的一个世纪里发生了哪些变化。他重点研究的是最富裕人群的收入。20 世纪 70 年代，英国和美国前 1% 最高收入人群收入占比为 8%；而到了 2010 年，这一人群收入占比已经增加了一倍。"

"皮凯蒂的研究数据阐明了不平等现象，这一现象也趋于政治化。从 19 世纪的最后几十年直到 1914 年，不平等现象十分严重：贫富差距巨大。之后的第一次世界大战、经济大萧条和第二次世界大战给最富人群带来严重经济冲击；许多西方国家政府相继出台了扶贫政策。到了 20 世纪 70 年代，不平等水平创历史新低。接着在英国、美国和许多其他西方国家，平等化进程被有意颠倒了。政府出台各项经济政策鼓励最富的人大量积累财富，同时压低底层和中间阶层人口的工资和福利。这样一来，从 20 世纪 80 年代开始，不平等的水平又出现了和 20 世纪初类似的情况。"

"不平等现象还挺严重的。这是什么原因导致的？"

"由权力的不均衡导致的。米尔顿·弗里德曼——执着地为不受约束的资本主义辩护的理论家——提出只有双方受益才会产生交换是自由市场最为重要的特点。"

"对，我记起来他是谁了。也就是说没人非得签合同不可，人们只有从中得到好处才会签合同。我喜欢你在我肚皮上挠痒痒，我就打滚扮可爱来逗你开心。"

"我再来说点让你开心的。弗里德曼的见解帮助人们理解了市场交易过程，但他没有阐明的是，实际上讨价还价能力最强的一方获益最多。"

"以工业革命为例。在劳动力市场，权力往往掌握在拥有实业的聘请者手中。工人要么接受工作，要么拒绝。在19世纪，没有工作的工人的唯一去处是济贫院。虽然英国的劳动力生产效率在17世纪中叶前后已经有所提升，但直到19世纪中叶，由于供求关系的转变、工会势力的发展和新增的法律权利，工人才获得了讨价还价的能力为自己争取更高的工资。权力的不均衡还体现在许多市场交易中。"

"有什么解决的方法吗？市场能否变得公平？还是我们只能接受不平等的现实？"

"我们可以用两个问题总结——"

"两个？难道不应该是三个问题吗？一、二、三，完事儿。"

"那是小狗修辞课上的内容。我刚刚讲到哪儿了？"

"两个问题。"

"谢谢。第一：结果是有效的吗？第二：结果是公平的吗？首先来看第一个问题。维尔弗雷多·帕累托（Vilfredo Pareto）给我们提供了有益的视角。帕累托提出，如果在没有使任何人的境况变糟的前提下，分配使得至少一个人变得更好，这种分配就是有效的。"

"没太想明白……举个例子吧。"

"你最爱吃和最不爱吃的东西是什么？"

"这个容易。我特别讨厌吃蔬菜。别以为我没发现你偷偷地把花椰菜掺在我的食物里。至于最喜欢的嘛，肯定是培根，我太爱吃培根了。"

"非常好。比方说你有十棵花椰菜，我有十片培根。我——"

"等等。我的脑子里已经浮现出了……美味无比的培根。"

"别流口水了行吗？假设我是个素食主义者，不想要培根。你刚刚也说了，不喜欢花椰菜。现有的分配显然是无效率的。我们可以通过交换来改善现状，得到我们都想要的结果。一旦交换成功，我们就实现了帕累托效率，即帕累托所认为的市场最优化运转。如果我们都能自由地交易，那么这种无效率——我只能吃培根，而你只能吃花椰菜——就能通过交换转化成效率。"

"听上去不错。问题是什么？"

"蒙迪，问题是帕累托效率没有提到公平。帕累托标准公认的用处是，社会应当避免没有帕累托效率的情况。如果在没有使任何人的境况变糟的前提下能让至少一个人变得更好，我们就应当把可能变成现实。问题在于，帕累托效率对于评价不同的结果而言是一个相当低的标准。"

"一个假想的游戏或许能帮助我们理解权力差异如何导致不平等现象。"

"要在游戏中追一根假想的棍子吗？"

"不要。"

"太好了。就连真正的棍子都让我觉得无聊。"

"这是个叫作最后通牒的游戏。我们随机选一个人当'提议者'，另一个人当'回应者'。提议者——也就是我——手里有100英镑，我来向你提议如何分配这笔钱。游戏规则是你必须同意我的提议，否则咱俩什么都得不到。我要是给你50英镑，你会接受吗？"

"当然啦。不过你能用饼干代替吗？这会让我集中注意力。"

"行。现在想象一下，我给你20块而不是100块饼干。你还会接受吗？"

"这不公平，不过20块总比1块都没有的好。如果我不接受，咱俩就都没得饼干吃，对吗？"

"对。"

"20块就20块吧，不过我挺不乐意的。"

"好，我现在还有80块饼干。要是我只给你5块饼干呢？"

"你拿95块？太过分了！"

"也许吧。你答不答应？"

"没看到真正的饼干之前还真不好说。希望你吃得肚子胀鼓鼓的，谁叫你这么小气。"

"如果用完全理性的经济视角来看，即使我只给你 1 块饼干，自己留 99 块，你也得接受，不然你什么都得不到。要是你正饿着肚子，饼干是你唯一指望得上的晚餐，你怎么会拒绝我的提议呢？在这个最后通牒的游戏中，我们达成共识的任何分配方式——即使是你拿 1 块饼干，我拿 99 块饼干——都符合帕累托效率，因为我们中至少有一者得到了好处，没有一者的情况变得更糟。但是谁从分配方式中得到的好处最多却是一个完全不同的问题，帕累托对此并未提及。我们或许要问：这种分配方式公平吗？"

"如果你拿 99 块饼干，我拿 1 块饼干，当然不公平。"

"乍一听你的答案是对的，任何正常人都会认为这不公平。我再把情况说复杂一点。要是我告诉你，给你一块饼干的人生活贫困，有 4 个吃不上饭的孩子，而你是只娇生惯养的宠物狗，并不需要这些饼干呢？"

"嗯……我知道你的意思了。"

"要是有人分给你正好一半的饼干，你能说就一定是公平的吗？"

"据我判断，这是个存在陷阱的问题……"

"也许吧。要是这个人之所以提出给你一半的饼干，是因为有人拿刀架在他的脖子上，说不定你就会认为这种分配并不那么公平。我想要说明的是，公平是复杂的，它不是个单一的概念，而是许多概念的集合体。你在使用公平这个词的时候，要弄清楚公平指的是什么，是过程还是结果？衡量结果的标准是什么？金钱（或饼干）？幸福？甚至是自由？"

"我看出来了，确实是个陷阱。我找到之前和哲学家散步时的感觉了。我猜你能给出一些问题的答案吧……"

"我试试。咱们首先来看约翰·罗尔斯（John Rawls）和罗伯特·诺齐克（Robert Nozick）关于分配正义——我们应当如何分配蛋糕或饼干等——所持的著名的相反立场。"

"诺齐克在其自由论经典《无政府、国家和乌托邦》（*Anarchy, State and Utopia*）中的立场十分明确。我的就是我的，除非出现极为特殊的情况，国家没有权力用直接或征税的方式侵犯我的东西。不论是出于不道德的目的还是出于为我着想的善意，只要是和我的财产相关，国家就无权干涉。我有保留合法所得个人财产的权利。这或许颠覆了你对公平的理解。诺齐克认为，如果人们自愿进行交易，即便结果是其中的一部分人变得富可敌国，另一部分人则变得一贫如洗，其他任何人都没有权利进行强制干涉。"

"真硬核。"

"是的。这对我们中间具有集体主义思维模式的人来说是个真正值得质疑的命题。"

"你是说哲学家？"

"不仅是哲学家，对我这样的中间派也一样。诺齐克用优雅和极富吸引力的语言迫使我们思索曾经想当然的问题：国家是否有权利没收我们的财产并将之用于我们可能会反对的地方。他清楚地提出了一个问题：国家这么做为什么是可以接受的？"

"罗尔斯对此做出了回应。诺齐克崇尚自由，罗尔斯却认为平等更重要。他最重要的论断关乎'差异原则'，即'所有社会价值……都应被平等地分配，除非某种不平等的分配合乎每个人的利益'。"

"什么意思？"

"罗尔斯承认，我们或许需要某种经济不平等。假如工作努力和无所事事的人得到的收入一样，整个社会将变得更糟，没有人是赢家。罗尔斯说，只有社会上最穷的人的境况尽可能得到改善，此时的不平等才应该被容忍。他还说，别去管那些富人，他们过得很好，重点是去帮助低收入者。罗尔斯提出了一个他自称为无知之幕的构想来论证自己的观点。"

"听上去挺有意思。"

"确实如此。假设你撞到了头，醒来的时候发现自己躺在医院里，忘记了自己是谁。你所有的自我认知都消失了，不知道自己是穷是富、身体是否健康、聪明还是愚蠢、懒惰还是勤奋。这就是无知之幕。罗尔斯说，在这种情况下，任何理性之人都会选择一种使最低收入群体的境况得到最大改善的社会规则。"

"为什么？"

"因为你不希望自己的生活变得不堪忍受。假如你既有钱又有才，没问题。可假如你不是，自然希望社会能帮你一把。假如你对自己的情况一无所知，会做出规避风险的选择。"

"也许吧。不过这个无知之幕让我觉得有点儿……怪怪的。我不可能一觉醒来就不认识自己了。几乎没人有过这样的经历。"

"这一构想的关键在于找到评估公平的某种客观方式。在这一场景中无论是谁，都会从理性的利己主义出发得出相同的结论。"

"诺齐克说，只要我的饼干是合法得来的，不管你有没有饼干，我都可以自己留着。要是你想抢走我的饼干，这和偷没什么两样。罗尔斯说，国家应当把我的饼干拿走一部分给你，理由是如果我们两个事先知道能拿到多少饼干，肯定会选择把饼干从饼干数多的人那里拿走一部分给另外的人的制度。我理解得对吗？"

"对的，没错。"

"从我听到的判断，我感觉拿走饼干的数量并没有衡量标准，是另外那个人刚刚够吃的数量，还是多拿走一些，达到双方平分的数量？"

"说得非常棒。我们的观点是，先不考虑不平等问题，而应首先确保每个人都能物资充足。此观点还有一个不太顺口的叫法：足量平等论。你的项圈是在 T.K. 迈克斯（T.K.Maxx）[1] 买的，那只娇生惯养的哈巴狗佩内洛普（Penelope）的项圈是在蒂芙尼（Tiffany）买的，这又有什么关系呢？重要的是社会所有成员都能有足够的物质过上有尊严的生活。社会应当进行重新分配，确保每个人的基本需求得到满足而不用操心生计。"

"要理解的东西还真多。一方面，自由市场通过平衡供求关系实现效率；另一方面，如果你相信罗尔斯的论断，甚至是足量平等论者的观点，会发现公平与效率是矛盾的……有没有可能做出同时体现效率和公平的安排？"

"那自然再好不过了，蒙迪，可现实并没有这么简单。要在不使某人境况变糟的前提下使另一个人的境况变好是一件相当困难的事。在公平和效率之间需要进行权衡。"

"你的意思是追求公平需要牺牲效率？为什么会这样？"

"在资本主义国家，让经济成果更公平主要通过重新分配式的征税实现。有人认为，这给了人们努力工作和创新的经济激

---

[1] 英国最知名的连锁折扣商场之一。——译者注

励。重新分配过程中的官僚运作成本很高——公务员和立法者得研究出重新分配的方法。政府直接提供服务通常会导致完全垄断的发生。咱们之前已经说过，完全垄断可能是无效率的，会损害顾客的利益。因此，在公平和效率之间找到平衡是一个真正的挑战。"

"你们这些经济学家不是都很聪明吗？肯定有解决方法，否则提出问题的意义何在？"

"一个无所不知的经济学家能告诉你解决方法：当更好的公平带来的额外好处与更大的无效率带来的额外成本正好相当时，就是理想的公平状态。当然在现实中，没有可行的计算办法。实际的结果是不确定且有争议的，很可能受到政治视角的影响。经济学家阿瑟·奥肯（Arthur Okun）提出了一个他自称为'漏桶实验'的构想。我们可以通过这个构想来了解自己如何看待公平和效率之间的权衡。"

"假设在收入分配结构中，有 20% 的家庭处于最底层，他们的收入不足 1.4 万英镑（平均收入为 1 万英镑）；有 5% 的家庭处于最顶层，他们的收入超过 5.6 万英镑（平均收入为 9 万英镑）。有人提议向那 5% 的家庭收税，每个家庭平均约缴纳 8000 英镑。由于位于最底层的家庭数量是最顶层的 4 倍，重新分配收入后，平均每个贫穷的家庭得到约 2000 英镑。"

"听上去很公平。从饼干很多的人手里拿走一些饼干给那些饼干很少的人。"

"不过这种方案存在一个问题。钱从富人转移到低收入者的过程是在奥肯所说的'漏桶'中进行的，并不是所有的钱都能到你想要到的地方。那么，你能接受漏出去多少钱，且依然支持重新分配？比如有10%的钱漏出去了，最终平均每个贫穷的家庭只能得到约1800英镑，你是否还会支持原来的方案？"

"我觉得我会。少了10%也没什么大不了，至少贫穷的家庭还是能得到一大笔钱。"

"那要是少了50%呢？或者75%甚至90%呢？你能接受的界线在哪里？奥肯说，正如你最喜欢的冰激凌口味一样，你的答案不可能是对或错这么简单。漏出的部分代表了经济的无效率。"

"需要阐明的是，如果引用罗尔斯的立场，则意味着你得一直把钱转进那只漏桶里，直到99%的钱都漏出来。在他看来，平等是最为重要的。弗里德曼则不同，他把效率放在优先考虑的位置。我猜他一旦发现钱会漏出来，哪怕只漏出来一点，都会立马停止转移支付。诺齐克认为任何形式的重新分配都是不合法的，因此在原则上他不会同意转移支付——无论漏得多还是少。"

"你呢？你怎么看？"

"这个问题真不好回答。任何认为答案简单的人其实并没有仔细思考过。要我说，正如我们的朋友奥肯所言，这个问题的答案归根结底是一种政治立场的选择。经济学家们所能做的只是把问题分析清楚，告诉我们某种选择的结果。"

"哎，别中立了行吗？"

"但我喜欢中立。这是最好的观点。"

"逃避现实。"

"咱们有点像在上哲学课了。帕累托效率带来的结果可能是极为不平等的。权力的差异能在很大程度上决定谁是经济盈余的受益者。咱们换一个角度，回到之前提过的关于不平等本身是否不好的讨论。在全世界所有国家之间都存在不平等现象。一位名叫布兰科·米拉诺维奇（Branko Milanović）的经济学家试图研究出位于全球收入分配结构不同层次的人收入的平均变化。他的研究结论并不是富人更富、低收入者更穷这么简单。正如所预料的那样，10% 最富有的人，尤其是位于财富顶端 1% 的人变得更富了。在过去的 20 多年里，还有一部分人日子过得好了：比最穷的人好一点的中下层人群。他们主要来自马来西亚和印度等国家。国家的经济上行使他们摆脱了贫穷。"

"所以这些人是赢家。那谁是输家？"

"同样有两组人相对突出。正如所预料的那样，不仅最富的人更富了，最穷的人也更穷了。低收入者通常来自像阿富汗、海地和索马里这些经济表现不佳的国家。另一组收入增长不理想的人群来自发达国家的中产阶级，他们的收入大致处于全世界70%—80%的位置。与世界上其他人相比，他们当然不属于低收入者，但其收入水平却没有变化，有时甚至出现了下降。从特朗普主义到脱欧的一系列右翼民粹主义运动兴起的根源很可能是中产阶级认为自己正在失去原有的地位。供孩子上大学、有房有车曾经被看作中产阶级的应有之义，现在正变得越来越难以企及。"

"回到赢家的话题。虽然咱们刚才提到的中国和印度在收入百分比上的增长迅速，但在绝对值上的表现却并不突出。"

"我没太弄懂……你能举个例子吗？"

"假设你每年的收入为100英镑，收入增长了100%。听上去太棒了：你的收入翻番了！然而用绝对值计算，你实际的收入增长为100英镑。再假设你每年的收入为10万英镑，收入的增长是前面例子中的一半，也就是50%。然而用绝对值计算，你实际的收入增长为5万英镑。米拉诺维奇计算出从1988年到2008年，收入增加的一半以上分配给了位于顶端的那5%的人。世界每多生产出1英镑的价值，其中的27便士流向了最富的1%的人，25便士流向了位于顶端的另外4%的人。"

"这一计算结果使很多人坚信，产生了如此不平等现象的经济体制必须被打破。"

"哦，我能明白为什么有的人会不满意。人人都能看出不平等正在加剧，可经济学家们知道背后的原因吗？"

"仔细研究数据不难发现，许多国家经济不平等的加剧是在20世纪70年代前后开始的。人们对此提出过几种说法。有人认为，由于科技的发展和全球化的不断深入，市场已然成了一场'赢者通吃'的竞赛。那些精通专业的个人和公司得到的好处最多。"

"给你举个例子。在足球比赛可以通过电视向全世界的观众播放之前，人们只能去现场观看当地的足球比赛。即使人们想去某些体育馆观看球技精湛的著名球员的表演，体育馆的进场人数有限，因此球员的报酬也是有限的。但是家里一旦装上了卫星电视，人们就能（也愿意付费）观看精彩的表演。那些踢得最好的球队因此拿到的钱也最多。"

"有人则指出了很多国家对最富裕人群的征税下滑的现象。20世纪70年代，美国和英国的富人所得税率超过了80%。从那以后，税率减少到原来的一半左右。当然，富人还掌握了避税的方法，很多收入根本没有被纳入缴税范围。不少国家的遗产税收入出现了下降。此外，很多国家的立法机关和保护低收入者的组织——工会、最低工资和就业指导机构——权力有所削弱。催生超级富翁现象的另一个因素是金融自由化。在1%最富的人中，许多不是在金融界工作，就是在从事与金融相关的工作。"

"最后，皮凯蒂指出，财富（资本）的积累变得越来越重要。在高通胀时代，财富遭到贬值，皮凯蒂认为这是第二次世界大战后收入向平等倾斜的原因之一。但自从 20 世纪 80 年代以来，旨在遏制通货膨胀的政策有了成效，包括财产在内的资产开始增值。收入从本质上来说是流动的，但财产一般会以家庭和阶层为单位固定下来。"

"听起来有些令人沮丧。难道富人注定会越来越富吗？"

"人们很容易想到的是向富人征税。但是，要继续加大所得税率是很困难的。最富的人已经缴纳了相当多的所得税，再增加税率的话，他们说不定会搬去别的地方。英国 1% 最富的人已经缴纳了全部所得税的 29%。有的国家想到了征收财富税而不是所得税的办法。比如皮凯蒂就呼吁将遗产税大幅提高并征收全球性财富税。还有人认为应当改善劳动力市场结构。许多国家正在推行最低工资政策或提升最低工资水平。当然，我们还应竭尽所能消除不平等带来的性别和种族歧视。"

"实行全民基本收入这一想法正在获得更多关注，即无论失业与否，政府每个月都会向每人发放一定数额的补助。"

"哦，咱们快到家了。你听课非常认真，是不是已经掌握了……"

"通常我会把接下来的学习内容留给那只猎犬。不过你说得没错，大部分内容我都掌握了。"

"想来个总结吗？"

"没什么信心，不过我还是试试好了。你说过，市场结果可能是有效率的，但不会永远公平。市场能做大经济蛋糕（效率的部分），但这块蛋糕如何分配要取决于讨价还价的能力（公平的部分）。你还用了游戏作比喻。有权力决定交换条件的一方只需给出比另一方的第二选择（游戏中指的是什么也得不到）稍好一点的条件就能得到大部分经济盈余。没有了公平只会带来更大的不平等，除非出现一场灾难来搅局。"

"说得很不错，蒙迪。重点是自由市场总会产生不平等。如果我们想减少不平等，就得做出艰难的选择。你现在要做的选择倒是很简单：揉肚子还是摸耳朵？"

"可以两个都要吗？"

"从经济学角度来说通常是不可以的，不过我可不是教条主义者。"

第八次散步

当出现市场失灵：外部效应、竞争性和排他性

本次散步的话题：外部效应、私人交换的正面及负面外溢效应。为什么两者都是需要解决的问题以及应该如何解决。我们讨论了公共产品（比如国防）和公共池塘资源（比如捕鱼）。在这两个例子中，市场都将出现问题。这道德吗？我们得找出共同解决的办法，要么提供公共产品，要么限制公共产品的过度使用，否则所有人的境况将变得更糟。

正如一个称职的财政大臣会努力实现收支平衡一样，如果秋季哪天出了个好天气，保管有个糟糕的天气在后面等着。风呼呼地刮着，成片的乌云掠过天空，发白的天空让人想起了鲸肚皮的颜色。在这种天气里，最好尽可能地缩短散步时间。我们去的是街尾那处小得可怜的绿地。那个地方的名字可谓名副其实：便便公园。

虽然便便公园里又脏又乱，到处是塑料瓶、一次性纸盒和烟头，蒙迪还是和平常一样高兴得很，好像在田间漫步一样。有人甚至把一袋狗的粪便挂在了一棵冬青树上，远看还以为是圣诞老人挂上的装饰品。蒙迪会对着任何够得着的地方撒尿，看见一个像是别人剩下的烤肉串就猛地扑了过去。

"别过去，蒙迪。你敢！"

蒙迪有个不同寻常的癖好，在街上看见什么吃的就下口，还因此闹过肚子，让我们全家都跟着遭了殃。可笑的是，他对装在罐子里的狗粮却挑剔得很，选好一罐后才开始细嚼慢咽。

"真扫兴。"

"你以后会感谢我的。好了，不如咱们现在来讲讲经济学家们所说的外部效应好了。我记得之前好像讲过市场是……很神奇的。"

"我记得你已经讲过了。"

"好的。市场能相当有效地协调人们之间极为复杂的交换行为，可有时市场运转也会出错，经济学家们称之为'市场失灵'。"

"等等，'市场失灵'是什么意思？指的是你在上次散步时说过的不平等带来的结果吗？"

"不一样。经济学家们所说的市场失灵指的是出于某种原因，市场运转不在理想状态下进行。市场失灵的一个重要原因是外部效应。"

"再跟我说说什么是外部效应？"

"当买家和卖家之间的交易影响了非交易的第三方，外部效应便产生了。外部效应之所以重要，是因为支持自由市场的主要论断之一是，如果买家和卖家自愿发起交易，双方肯定都会获益，否则交易不会产生。可如果交易外部的第三方受到影响却没有针对交易的发言权，以上论断是不成立的。这便是经济学家所说的外部效应的含义。"

"还是举几个例子吧……"

"讲一个跟污染有关的典型例子。加油站卖给我汽油，我满意了，加油站老板也满意了，可我的车却排放出有毒气体，污染了周围环境——有点儿像我要是让你吃那个烤肉串的后果。又比如从夜总会传出震天响的音乐声，吵得邻居们整晚无法安睡。喜欢吃速食的人将剩下的纸盒扔在公园里，狗主人忘了把狗粪捡起来结果污染了环境。以上的例子中造成的负面结果影响到了第三方。"

"好的，我明白了。有时当我们在市场上进行交易时，可能会给没有参与交易的人带来不好的后果。不过这是否意味着市场已经失灵？"

"当一件商品的价格反映这件商品的全部成本和收益——而不仅反映私人成本和收益时，市场会有效运转。如果你决定开车去某个地方，你会将私人成本考虑进来，但全部成本还包括别人承受的成本——污染、噪声和拥堵。经济学家认为，严格来说，只有当这些成本以某种方式放入市场估值的考虑范围，市场才有可能有效运转。"

"我这么理解对不对：这不是关于公平，而是关于效率的，即市场良好的运转状态？"

"说得没错。不平等关注的是结果是否公平，归根结底是伦理问题，然后是政治问题。咱们在这里讨论的是市场自身如何运转。一旦出现外部效应，就别管什么公不公平了，此时的市场也许根本是无效的。"

"你提到了成本和收益？咱们讨论的不都是负面的影响吗？"

"问得好，蒙迪。外部效应既可以是正面的，也可以是负面的。出现负面外部效应时，结果往往非常糟糕。出现正面外部效应时，结果正好相反。关键在于一旦外部效应导致市场失灵，我们会加以干预，以提高市场效率。咱们一会儿再来讲正面外部效应，先来看一个关于负面外部效应的真实例子。你跳到长椅上到我旁边来，别碰那个脏兮兮的烤肉串。"

"要是你只有罐装狗粮吃，肯定也会一看到美味的冷肉串就扑过去。"

"一语中的，蒙迪。我刚才讲过，污染是负面外部效应的典型例子。20 世纪 80 年代，法国政府授权在法属加勒比群岛马提尼克（Martinique）和瓜德罗普（Guadeloupe）使用一种污染性极强的杀虫剂，十氯酮。十氯酮对可怕的香蕉象虫是致命的，种植园主们开始纷纷使用这种杀虫剂。香蕉产量大幅提高，价格下降。种植园主们得到的利润越来越大。买家和卖家都是赢家。可杀虫剂从岛屿表面被冲刷走后，其残留物却污染了附近渔民打鱼的水域。"

"种植园主们知情吗？"

"他们肯定知情，负责此事的法国政府肯定也知情。在发现十氯酮导致人体神经系统紊乱后，美国于1975年停止了生产，然而直到1990年法国政府才最终禁止生产。不仅如此，直到1993年，法国政府甚至仍然允许农民使用未用完的十氯酮杀虫剂，说不定1993年以后仍在使用。十氯酮属于'持久性有机污染物'，它还有个名字叫'永久性化学品'，要经过几百年才会分解。因此，马提尼克的大部分土壤在好几代人的时间内都无法再种植作物。十氯酮杀虫剂同样是岛屿上癌症高发的罪魁祸首。"

"明白了。有时外部效应确实很严重。我们能做些什么？"

"从理论上来说，对于负面外部效应有3种基本的解决方法。"

"负面外部效应的第一种解决方法是明确财产权。自由市场的支持者对这一方法十分推崇。以空气污染为例。他们认为，空气污染的症结在于没人真正拥有空气。如果空气真能为某些人所有的话，那么你不能污染空气——比如你要是吃了那个烤肉串后排放出难闻的屁。"

"我不屑于对此做任何回应。"

"没人拥有这个公园上方的空气，坐在那儿的人可以随心所欲地抽烟，给空气造成污染。我不是空气的拥有者，因此无法阻止他的行为。要是把空气比作你家的花园或起居室——它们是属于你的，因此没人能不经你的允许污染它们。"

"这便是罗纳德·科斯[1]（Ronald Coase）提出的基本观点。他认为外部效应是财产权规定不明导致的，并指出，如果明晰财产权，每个人都十分清楚谁是财产的拥有者，人们就可以找到自行解决问题的办法而不需要国家干预。他打了个比方。糖果店店主和医生是邻居。医生喜欢清静，可糖果店店主老是制造噪声。假如糖果店店主有制造噪声的权利，医生只能给他钱让他消停。对糖果店店主来说，噪声没什么大不了的，可安静平和的生活对医生来说非常重要，于是两人决定私下解决。"

"这如何用香蕉种植园的例子解释？"

"假设附近的渔民拥有干净水域的权利，种植园主不得不给予渔民补偿换取污染水域的权利。如果补偿金很贵，种植园主说不定会用一种更便宜的方法对付香蕉象虫。当地甚至还流传着两害相权取其轻[2]的玩笑。不过我还是把这类问题留给哲学家好了。"

---

[1] 1991年诺贝尔经济学奖的获得者，法律经济学的创始人之一。——译者注

[2] 这句俗语的英文为 choosing the lesser of two evils，与原文中的 choosing the lesser of two weevils（两条香蕉象虫选小的那条）谐音。——译者注

"可渔民们是如何团结起来进行谈判的呢？"

"问到点子上了，蒙迪。科斯承认，在大多数情况下，谈判的难度使得解决问题是不现实的。糖果店店主和医生之间或许还能达成某种协议，但在马提尼克和瓜德罗普的例子中，达成实际的协议就相当困难了。还有个观点：财产的拥有者不同，也会产生不同的结果。种植园主是否有污染水域的权利，当地居民是否有拥有干净的水域和土壤的权利？拥有财产权的人获得有利条件的可能性更大。不管怎么说，这是个十分重要的观点，为解决方案提供了思路。"

"我喜欢的另一个例子跟'空怒族'有关。2014 年，乘客争抢飞机前排座位权利引发的冲突导致美国联合航空公司的一架航班偏离原来的飞行轨道。"

"乘客为争抢伸腿的空间吵起来了？"

"本质上是这样。你没有过现代航空带来的体验。除非你很有钱，否则你伸腿的空间很小，只能把膝盖顶在前面的椅背上。就算你的脾气再好，也会时不时动怒。当时有两个乘客之间发生了激烈的争吵。一位女士认为自己有权利把自己的椅背往后倒，而另一位男士则坚称自己有伸腿的权利。由于他戴着护膝器，导致前面的椅背无法往后倒。空乘人员请他取下护膝器，遭到了他的拒绝。这位女士于是将手里的饮料泼在了他身上。局面愈演愈烈，机组人员只得做出了迫降的决定。要是事先明确了财产权，科斯又会做出何种预测？"

"我猜要是这位女士有调整椅背的权利，坐在后面的男士说不定会给她一笔钱叫她不要这么做。如果她对钱的数额表示满意，就会同意对方的要求，反之则会拒绝。"

"说得很好。以上两个例子表明，要达成解决方案是非常不容易的事。"

"也就是说有时明确财产权有助于解决问题，但这常常成为转移注意力的手段①，就像对那些贫穷的渔民一样。"

"等等，这是你难得一见的双关语笑话吗？"

"啊？哦，也许是吧……可这才是外部效应的第一种解决方法，你不是说有 3 种嘛……"

"没错。负面外部效应的第二种解决方法是征收以英国经济学家阿瑟·庇古（Arthur Pigou）命名的庇古税。要是抽烟和开车给别人带来了成本，就向抽烟和开车的人征税。还比如伦敦征收的交通拥堵费和高额汽油税。庇古税的拥护者认为，征税给社会带来了双重好处：不仅通过给负面效应定价阻止了人们的某些行

---

① 原文为 a red herring，既有红色鲱鱼的意思，也有转移注意力的手段的意思。这是作者使用的双关修辞。——译者注

为，还为政府增加了税收。"

"但这类税也存在某些问题。"

"要是你没说后面这句话我会失望的。"

"人们最常抱怨的理由是它们对富人的影响比对低收入者的小。换言之，低收入者是受打击最严重的群体。反对征收含糖税的人以同样的理由对含糖税加以指责。标准的论证如下：糖分让你发胖，蛀坏你的牙齿，从而导致医疗成本上升，最终将由整个社会承担。因此，解决方法显然是征收含糖税。但含糖的东西贵了，人们自然消费得少了。那些仍在消费的人不得不多交税，这带来了额外的社会成本。"

"听起来也不是完全没道理的。但这些问题……"

"首先，就像我刚才说的，它们对低收入者的影响比对富人的大。假如你很贫穷，你的收入中用于食品的开销比例会更大，因此你受的打击也更大。糖提供了一种相对廉价的快乐来源，而如今连快乐也要收税，确实挺残酷的。还有人说，只有保姆国家才会干预普通人的生活。"

"所以征税是有用的，但也存在问题。负面外部效应的第三种解决方法是？"

"最显然的解决方法可能是进行监管。在出现某些可怕的情况时（比如十氯酮的例子），甚至需要出台禁令。限制数量的措施则相对没有那么严厉。欧盟出台的二氧化碳排放限额交易计划则两者兼有。2005 年，欧盟设立启动旨在应对气候变化的碳市场，根据每个公司过去二氧化碳的排放量分配年碳排放权。欧盟想通过这种方式逐步减少排放权限额以达到应对气候变化的目标。公司也可以针对排放权限额进行交易。欧盟这种做法的好处在于，排放权限额限制了（欧洲）二氧化碳总排放量，交易排放权使公司有了减少排放的动力。"

"听上去不错……"

"监管和征税都能控制负面外部效应，但一些自由市场主义者提出，监管和征税干扰了市场运转，不可避免地产生市场扭曲和严重效率低下。因此他们认为，治疗比疾病本身更糟糕。然而在大多数西方国家，我们认定这是值得付出的代价。"

"你提过几次正面外部效应了……"

"没错。目前为止咱们主要讨论了负面外部效应以及给第三方带来的不良后果导致的市场失灵。市场同样会因为正面外部效应'失灵'。"

"哦，'正面'这个词听上去确实挺……正面的。"

"问题在于，能给整个社会带来巨大福利的并不一定马上能给个人带来看得见的福利。创新便是一个典型的例子。从概念上说，创新是污染的对立面。某些人造成的污染给第三方带来了成本，还不用付出代价。有了创新，某些人就可以既不用赔偿，又能给第三方带来福利。在自由市场中，如果其他人很容易照搬你的想法，那么把大量时间或金钱用在发明创造上是没有意义的。缺乏'专属性'是问题的关键。个人和公司必须获得他们在发明或创造方面投入价值的专属权，否则他们为什么费那么多精力？现实中确实有不少人发明了受人欢迎的东西，而他们的努力却没有得到回报。"

"你还是得举几个例子，我才能明白。"

"没问题。1826 年，一个叫约翰·沃克（John Walker）的人发明了现代火柴，其原理是将含硫的化合物等化学物质在粗糙的表面摩擦。虽然之后的两百余年间，全世界有几十亿根火柴被使用，但他一分钱也没有赚到。罗恩·克莱因（Ron Klein）发明的信用卡和借记卡背面的磁条极大地推动了商业运转，使我们的生活更加便捷，可他同样没赚到一分钱。还有井上大佑发明了卡拉OK 的概念，给世界增添了不少欢乐。"

"话说回来，写书要花费时间和精力。如果盗版商可以复印并售卖书籍而不用向作者支付费用，那谁还会费时费力地写书呢？"

"你已经提出了正面外部效应的问题。如何解决问题？"

"在创新方面，需要找到允许创新者'专属'或获得他们想法所有权的方法，如给予他们知识产权，主要体现在以下 4 个方面：版权、专利、商标和设计权。版权用于书籍、音乐或戏剧一类的艺术作品。创作者的版权是自动生成的。专利用于发明，需要注册——发明火柴和卡拉 OK 的那几位恰恰忽略了这一点：他们没有申请过专利。商标保护的是图标和标志。要是你看到一只被咬掉了一口的苹果，会想到什么？"

"你说的是加布和罗茜经常看的那个长方形玩意儿？"

"没错，正是苹果手机。耐克公司的标志也是人们常常引用的例子。设计权保护物品的外观或形状，比如可口可乐瓶的形状就是已注册的设计。"

"以上各例均与专属权有关。政府还有其他鼓励研究和创新的办法，如通过直接出资支持高校科研，或通过税收优惠政策鼓励公司加大研发方面的资金投入。"

"嗯，明白了。创新是正面外部效应的表现之一。政府需要设立知识产权保护制度，为基础研究提供直接支持。顺便问一句，你一直在讲市场如何如何好，而所有这些——保护啊、政府投资啊，跟市场感觉关系并不大，不是吗？"

"你这个观点很有意思。对知识产权的保护确实有些过了。我们既要激励发明创造，又要考虑公众免费获取知识的社会利益。保护知识的最终目的不是为发明者带来更大利润，而是为整个社会谋利。知识产权的发展势头越来越迅猛。它对产权所有者价值非同小可，因此人们会花重金聘请律师和说客。在英国，书的版权保护期为作者有生之年及死亡后 70 年。在美国，亚马逊公司申请了一键下单的'发明'专利。我们不得不问：这真的是创新吗？这真的符合社会利益吗？"

"比版权和一键下单更具争议的例子是制药业的专利法。制药公司在新产品研发方面投入重金，之后却可以支配市场，收取不合理的高额费用。在发达国家，人们或许还能支付得起药品的价格，可在发展中国家就不一定了。"

"嗯。那我们应该完全废除知识产权吗？"

"曾有人提出过这一观点。不过就我看来，有一点值得关注：发明的成本巨大，而抄袭的成本很小。假如所有的财产权被取消，谁还会去拍电影，谁还会去研发新药呢？话说回来，确实有不少确凿的证据表明，知识产权范围过广、时限过长、控制力太强。"

"咱们回家前，我想说一说市场运转不尽如人意的其他情况。产品的某些特征能影响其在市场的销路，这些特征被称为'排他性'和'竞争性'。"

"你得跟我举些例子才行……"

"比如苹果，或者你最喜欢吃的美味培根。"

"嗯……"

"培根是一种既具有竞争性又具有排他性的产品。如果你吃了这片培根，其他人就吃不了了，这就是竞争性。倘若我是卖培根的，你要是还没付钱就想拿走培根，我肯定是不答应的，这就是排他性。为具有这两种特征的产品即私人产品提供交易的市场通常运转正常。但如果产品不具有竞争性或排他性，市场运转可能出现问题。"

"我还没太弄明白什么是非竞争性和非排他性。可以举些例子吗？"

"没问题。首先来看公共产品。公共产品不具有排他性和竞争性，如国防、灌溉工程、知识、天气预报。公共产品有别于其他产品的特点是，只要能为一人所用，就意味着能为所有人所用且不会生成额外的成本。比如清洁的空气，它不会像你吃掉一片培根一样被'用光'，这就是我们说的非竞争性。想要将没有付钱的人排除在受益者范围之外是很难的，虽然并非没有可能，这就是非排他性。作为一种公共产品，国防的防卫性质不会被某个人或某群人用光，因此它是非竞争性的；你不能阻止他人享受防卫带来的巨大福祉，因此它是非排他性的。"

"为什么会出现问题？"

"问题的根源在于公共产品的支付方式。人人都想搭顺风车，享受福利的同时还不用支付成本。如果人们退出，整个系统就会崩塌。以工会为例。工会是保护某个产业工人权利并为其发声的组织。比起工人靠个人力量为自己争取权利，工会（假设其工作尽职的话）能为工人赢得更好的待遇。工会会员得交纳会费作为工会的活动基金。要是某个工人选择退出工会，不仅可以省下会费，还能继续享受集体权利的好处，这是一种双赢。可要是大部分工人都选择退出，工会将不复存在，这对所有的工人都是一种损失。"

"嗯……人们应该怎么做？"

"对于国防、消防或法律体系这类事关重大的公共产品，让人们支付的对策很简单，那就是强制执行。每个人必须通过缴税的方式进行支付。当工会这样的非政府机构（不能强制执行）希望你支付不具有竞争性和排他性的产品时，常常将各种策略结合起来，如施加社会压力和给予一定经济激励。"

"我的头开始疼了。"

"不好意思，亲爱的，我还有一点没讲。有的产品是非排他性的，因为不让人们使用这类产品相当困难；它们同时具有竞争性，因为它们实际上是可以被用光的。这类产品也叫作公共池塘资源。不让人们使用公共池塘资源很难，但某些人消耗了公共池塘资源后，其他人的可用资源就会减少。有人据此认为，自由准入加上无节制的需求会最终导致资源枯竭。这一现象也被称为

'公地悲剧'，出自加勒特·哈丁（Garrett Hardin）于 1968 年撰写的一篇文章。过度捕捞便是一种公地悲剧。"

"在近代历史的大部分时期，海洋里的鱼类数量充足。人人都能出海捕鱼，剩下的鱼类数量还能满足自我繁衍的需求。发生在纽芬兰沿海一带的悲剧让我们看到了对公共池塘资源无节制的需求带来的后果。这一地区一直以来盛产鳕鱼，但自从 20 世纪 60 年代以来，科技的发展大大提高了渔船的捕鱼量。功能强大的崭新拖网渔船不仅加大了对鳕鱼的捕捞量，还捕捞了对整个生态系统至关重要的其他非商业鱼类。20 世纪 90 年代初，鳕鱼总量突然跌至冰点：由于遭到过度捕捞，鳕鱼数量已无法通过自我繁衍进行补充。1992 年，政府下达在本地区的禁渔令。10 年后，鳕鱼数量仍然没有恢复，对于何时能达到原来的水平尚无定论。"

"真令人难过。你们能做些什么？"

"咱们之前提到过解决这类极端外部效应的一些方法。可以通过收税限制需求，可以设立明晰的财产权，还可以进行监管。纽芬兰海岸的情况严重到最终只能通过禁渔令来解决。在走到这一步之前，政府曾试图禁止外国的拖网渔船，可国内的拖网渔船很快就补了空。政府还想过制定限额，却高估了鳕鱼的供给量，因而将限额定得过高。"

"你难道真的不相信人们能好好地保护地球，而不是用有害的化学物质毒害它？在我们狗看来，人类有时还挺傻的。"

"总的来说，我们讨论过的方法（收税、监管和设立市场）都跟政府采取强制措施有关。然而，埃莉诺·奥斯特罗姆（Elinor Ostrom）提出，在某些特定的情况下，不通过自上而下的监管也能解决问题。顺带说一句，她是第一位获得诺贝尔经济学奖的女性。她认为，当地社区依靠自身力量也能管理好公共资源而不至于导致崩溃。然而，她也是第一个承认这种解决方法并不是万能的人。如果你所在的社区规模较小、凝聚力强，会更容易管理，因为人们能很快找出是谁打破了协议。"

"稍等。我在做加法题呢，好像有什么东西漏掉了。咱们讨论了既具有竞争性又具有排他性的产品，比如我吃的培根。咱们讨论了既不具有竞争性又不具有排他性的产品，比如国防。咱们还讨论了不具有排他性但具有竞争性的产品，如鱼类资源。可是还有——"

"具有排他性但不具有竞争性的产品？你真是只聪明的狗。让我好好想想。我可以因为你使用了这类产品向你收费（与国防不同），但它又是非竞争性的，你的使用不会让我多花费任何成本（你的使用不会减少别人使用它的能力）。包括奈飞公司在内的几乎所有互联网娱乐服务商提供的便是这类产品。提供这类产品的固定成本很高，但边际成本很低（或者为零）。在这种情况下，极少数大公司体现出相较于小公司的巨大优势，从而得以控制市场，有时甚至形成完全垄断局面。这又回到了咱们之前讲过的完全垄断问题。"

"我既然吃不成那个烤肉串了，能不能给我点个外卖？"

"听好了。当市场上流通的产品既具有竞争性又具有排他性（如外卖一类的私人产品）时，市场可以实现最佳状态的运转，而其他的组合会带来不少市场自身无法解决的问题。"

"也许现实比我说的要肮脏和复杂得多，但竞争性加排他性的组合能很好地帮助我们思考市场繁荣和萧条的表现形式和原因。"

"我真正想表达的意思是，私人产品流通的市场通常表现不错，可其他范畴的产品流通的市场则会出现问题。因此，我们必须找到提供私人产品的方法，或者限制对私人产品的过度使用，否则我们的境况将变得糟糕。好了，蒙迪，我感到有点冷了，咱们回家吃饭吧。"

"还用得着你说嘛。我记得锅里还有些剩下的炖菜在等着你那只忠心耿耿的小狗呢。"

第九次散步

市场与信息：为什么
红牛不再给你翅膀

本次散步的话题：有效信息为何对市场的正常运转十分重要。公司与政府如何解决信息问题（为什么红牛公司因为一句"红牛给你翅膀"的广告语被罚 1300 万美元）。信息为何成为保险市场值得关注的问题。为什么即使我们掌握了正确的信息，仍有可能做出错误的选择。

又是一个明媚的秋日，阳光透过发黄的树叶洒下来。我决定带着蒙迪在汉普斯特德希思公园多走走，再在肯伍德府（Kenwood House）①附近的一家对狗狗很友好的咖啡馆好好放松一下。蒙迪的小短腿可受不了这样的马拉松，所以在穿梭于各条街道时，我会先抱着他走上一段。不过他生怕在路上会碰见同伴，非得要我把他藏在外套底下。用他自己的话说，要是他连这点路都不肯走的事情传了出去，会让他"羞愧难当"的。

我们沿着铺满落叶的林间小路散步，这条路从怀特斯通池塘一直通往田园般的肯伍德府。我开口说话了："即使是自由市场

① 一座位于汉普斯特德恩恩公园北部的乡村别墅，由英格兰遗产委员会管理，并向公众免费开放。肯伍德宫收藏有大量著名艺术家所绘的肖像画。——译者注

政策最忠实的拥护者也不得不承认，市场表现并不会一直令人满意。在上一次散步中讲到了使市场运转失灵的一种情况，即外部效应，如污染和交通拥堵。另一种市场运转失灵（甚至停止运转）的情况和信息相关。当出现交易双方中只有一方掌握了信息的情况，我们把它叫作不对称信息。完全竞争市场模型所包含的关键假设之一是人们在进行交易的过程中明白自己想要什么。如果他们不明白自己想要什么，市场运转就会失灵。"

"信息到底有多重要？"

"这取决于你问的对象，不过信息问题确实随处可见。放款人不知道借款人偿还贷款的可能性有多大。至于狗粮罐头里装的究竟是什么，买的人远远没有生产商那么清楚。那部挂在易贝网上的苹果手机看上去真不错，但没把它拿在手里之前，你怎么知道它不是仿造的呢？如果消费者不确定他们能达成一笔合算的交易，这将会影响到市场的顺利运转。问题的关键在于信息不全会限制交易。在一些极端的例子中，市场甚至会完全崩溃。"

"有点儿耸人听闻了吧？"

"也许吧，不过不能完全算夸大其词。信任对市场的正常运转是不可或缺的。以在线市场为例。拍卖网（AuctionWeb）是最早的在线市场之一，也是易贝的前身。AuctionWeb 的第一笔订单是 1995 年马克·弗拉泽（Mark Fraser）购买的一支激光笔。可弗拉泽怎么会知道当他把钱打过去后能收到对方寄来的激光笔呢？当时他靠的完全是对对方的信任。这支激光笔的价格低到离谱（广告上说笔是坏的，弗拉泽想着自己能修好），于是他做好了赌一把的打算，而易贝公司也正好需要让潜在的买家确信自己不会受骗。没有了信任，易贝公司可能只是其创始人皮埃尔·奥米迪亚（Pierre Omidyar）的一次好玩的尝试，他本人也不会成为一位亿万富翁。"

"1997 年，易贝公司开始向公众提供新的关键信息：给卖家的反馈。人们突然有了评价卖家信任度的客观方式。"

"可是人们如何知道他们可以信任线上的反馈？"

"问得好。一旦线上买家评分具有参考价值，人们便会在评分系统上做文章。虚假评论将很快损害在线市场的声誉。"

"2020 年，《金融时报》调查了亚马逊公司官网上给出反馈最多的英国用户，发现前十名用户中有九名存在可疑行为。可别忘了，市场的健康是建立在正确信息基础上的，但这个例子中我们看到的不是信息，而是……谎言。"

"那么信息问题只存在于在线市场吗？"

"不只是，在互联网出现之前就开始了。美国经济学家乔治·阿克尔洛夫（George Akerlof）提出过一个经典的设想。他把二手车分为没有问题的和有瑕疵的两种。二手车销售人员对每辆车的情况清楚得很，可是可怜又倒霉的买家就没法分清楚了——他们很容易把次品车当成好车。买家因此不愿意在一辆好车上花大价钱，万一开回家的是辆真正的次品车呢？他们自然想要压低价格。但要是卖家明白自己卖的是一辆好车，肯定不情愿以次品车的价格将车卖出去。久而久之，质量好的二手车被排斥在交易市场之外，市场上渐渐充斥着次品二手车。"

"你就可以做'柠檬汁①'了？"

"真有意思。我想说的是，如果人们不能掌握销售产品的有效信息，市场就不会繁荣。"

"你解释了不对称信息为什么会产生问题。应该有解决办法吧？"

"公司想出了各种解决办法。有的公司会给你某种担保：以书面形式保证你购买的商品在一定期限内出现任何问题可以申请维修或换货，好让你购买时没有后顾之忧。有时人们会花钱获取专业意见，比如请一位建筑鉴定人出示一份房屋质量报告。最有效的解决办法也许是打造品牌和提供标准化产品。所有的公司都在试图说服你，他们的品牌是值得信任的。那家新开的新潮咖啡馆说不定卖的咖啡正合你的口味，可星巴克希望你别去尝什么新。不论你去的是伦敦还是洛杉矶的星巴克分店，他们给你的是

---

① 原文中的 lemon 有柠檬的意思，在这里指次品车。——译者注

同样的菜单，你享受的是干净、安逸的咖啡和稳定的无线网络。香草拿铁还是那个熟悉的味道，卫生间的环境一如既往地令人满意。"

"品牌打造的目的在于让顾客放心，他们买的东西是有保障的。我刚才只举了咖啡的例子。事实上，从穿什么衣服到用什么牙膏再到选择哪所大学，品牌打造的规则都是适用的。约翰·路易斯公司（John Lewis，伦敦大型百货商店）的广告语'绝不故意低价出售'（现已不再使用）向英国中产阶级传达的信号是：你可以相信我们不会在价格上欺骗你。耐克公司的退货政策（60天内）似乎在告诉你：放心，我们知道自家的产品质量很好，我们有十足的把握让你喜欢上我们的产品，你可以有60天时间来改变主意。有的公司现在推出了一年之内产品包换的政策。李维·斯特劳斯（Levi Strauss）告诉你，他们做牛仔服的历史可以追溯到1853年。换言之，若不是产品能让顾客满意，公司不可能还屹立不倒。"

"如果信息对于市场的正常运转如此重要，为什么政府不介入？"

"政府确实介入了。市场在某些情况下可以自我调控，但更多时候需要的是有计划的解决方法。那些对自由市场和小型政府高唱颂歌的人常常忽略了市场运转对规章制度和有效机构的依赖。政府规定哪些信息必须被公开。在英国，所有包装食品的标签上必须包含食品成分的详细说明。在出售房屋时，必须出示一系列可能会影响买家决定的信息，包括房屋的主要问题、是否有过邻里纠纷等。"

"政府还制定公平广告的规则。2008 年，达能公司因在广告中声称酸奶对人体健康的益处而惹上麻烦。公司被处以 4500 万美元的罚款并被勒令将'科学地'和'经临床证明'等字样从包装文字中移除。2014 年，红牛公司因其'红牛能给你翅膀'的广告语被起诉，理由是，喝红牛不会让你长出翅膀。"

"不会吧？简直是疯了！"

"确实有点傻。不过，红牛还是为此赔了 1300 万美元。公司还必须向 2002 年以来购买了红牛的消费者每人赔付 10 美元。当然，这只是一个极端事例，但它却告诉了我们一个不言自明的真理：市场需要信息才能运转良好。还有一种充斥着错误信息的市场同样能说明这一说法的重要性，那就是保险市场。"

"能不能解释一下？"

"有两个主要问题。生活中总会有不好的事情发生，车祸、房屋倒塌、手机被盗等。保险的目的是帮你摆脱困境。第一个问题和'逆向选择'有关。那些最易受到不幸事件影响的人显然最需要保险，而那些处于低风险的人自然认为买保险不划算。"

"我不觉得这有什么问题。"

"保险就是和数字打交道。就拿健康保险来说，有些人（年轻健康的）基本不需要医保，而有些患有慢性病的人得花上几十万英镑治病。保险公司通过计算出所有投保人的平均成本后再加上利润赚钱。但如果人们清楚自己有哪些健康风险，他们会先研究平均成本，再决定保险值不值得买。身体最好的人选择不买保险的可能性最大，身体最不好的人能享受到最有利的、包含范围最广的保险。平均成本开始有了变化。由于平均成本变高（健康的人开始退保），保险费也跟着水涨船高。你知道之后会发生什么吗？保险价格的上涨让更多的人——身体较好的人——认定价格不划算，于是他们选择退保。问题越来越严重，健康保险价格最后高到离谱，相当一部分群体享受不到健康保险。"

"但这并不是现实的情况，对吗？"

"有时的确会发生，不过我们有避免发生这种情况的办法。在英国，我们有税收资助的医疗保健，旨在强制人人参与投保。这其实是给医疗保健注入资金的一种极为有效的方式。你虽然享受的是私人健康保险，但健康保险公司其实喜欢给人数众多的群体投保，其中的个人无法自由选择入保或退保，这也是为什么健康保险常常通过聘请者购买的原因。在美国，奥巴马医改计划希望强制人们购买医保以避开逆向选择，并想办法阻止年轻人和健康的人退保。在大多数国家（美国却是个例外），人们认定健康保险中出现的信息问题严重到了私人市场无法运转的程度。"

"你刚才说有两个主要问题。另一个问题是什么？"

"保险行业的另一个主要问题是'道德风险'。一般来说，如果你买了保险，说不定还希望自己不用处处小心。这对健康保险也许算不上什么太大的问题（你在玩极限跳伞前不可能因为要续健康保险的保费了就不去检查降落伞的情况），但对于其他类型的保险来说却是很大的问题。如果你买了车保，也许不会太在意将车停在哪里。还记得罗茜把她的手机扔向加布，结果把屏幕给摔坏了吗？我怀疑要不是买了手机险，她不会做出这么夸张的举动。"

"2008年的金融危机是道德风险严重化的表现。此次金融崩溃发生的主要原因是银行发放风险货款。如果贷款能被顺利偿还，银行（和银行家们）便能迅速地大捞一笔。但如果贷款无法被收回，放款机构不仅不用为自己的愚蠢付出代价，央行还能帮它们纾困。最终付出代价的是纳税者。"

"感觉并不公平。"

"确实如此，但除此之外几乎没有别的办法可行。虽然花力气给银行家们纾困似乎并不值得，但不这么做的代价（就可能造成的经济混乱而言）会更严重。道德风险在这里体现得淋漓尽致：银行家们不必担心出现意外情况时自己的行为会造成哪些后果，因此也不会担心产生的风险。无论如何他们都是赢家，而我们永远是输家。"

"保险公司如何应对道德风险和逆向选择？"

"在应对道德风险方面，保险公司通过起付线政策让你分担成本。比如你必须在保险理赔前自付 100 英镑。保险公司能借此套出你的更多信息。那些接受高自付额的人，开车时会十分小心。一个 18 岁的人想给租来的汽车购买不需要自付额的车险？这也许表明保单存在信誉风险。"

"在应对逆向选择方面，保险公司希望入保的人越多越好。英国的车险是强制性的，这减少了低风险人群不买保险的可能。"

我们来到在晨光中熠熠发光的肯伍德府，径直朝咖啡馆走去。这里原来是一个马房。我在外面的一处清静地找到了张干净的桌子，把蒙迪系在椅子腿上，给自己点了一杯咖啡、一块羊角面包，给他拿了一碗水和一根香肠卷，作为他走远路的奖赏。看见美食的蒙迪开始还故作镇静，一两秒过后，他终于发出了令人心烦的叫声。这种举动通常能让他得偿所愿。不过这一回，我得让他用自己的努力挣回来。

"蒙迪，你来总结一下咱们今天散步时讲的第一部分内容好吗？"

"不会吧？那根香喷喷的香肠卷正朝我招手，咱们却得说这个？好吧。你说只有交易双方掌握了足够有效的信息并信任交易，市场才能运转。公司想出了一些解决办法，如退款保证、在线评价和品牌打造。政府同样能通过制定并执行规则确保市场运转，包括哪些信息必须公开，广告词不得误导民众。非法市场由于缺乏约束人们按规则行事的法律体系，获得完整准确的信息更是难上加难。"

"很好。一般来说，人们在掌握了正确的知识后，会做出更明智的决定。但要是他们已经掌握了正确的知识，仍无法做出理性的选择呢？或者说，人们总能准确判断出对自己有利的部分吗？发挥行为经济学作用的时候到了。"

此时的蒙迪只能发出咕哝声，香肠把他的腮帮子撑得鼓鼓的。

"行为经济学是经济学和心理学的结合体。新古典经济学假定我们知道自己想要什么，我们不会随意改变主意，我们做出的决定是知情的、合理的。假如你对理性的假设是——我们知道什么对自己是最好的，什么是获得好处的最佳途径——那么我们也能做出预测，就像科学家能精确地预测出一个台球撞到另一个台球后的行动轨迹。"

"听起来真不错。我认为……"

"但有足够的证据表明，我们的选择常被许多非理性因素所左右。人类有时的行为有悖常理，也会犯错，这早就是司空见惯的事了。明白了这个，你也许会认为经济学不再具有科学性。"

"啊！"

"但经济学有科学性可言——这也是行为经济学的态度——人们的非理性是可预见的。行为经济学认为关键不在于我们犯错，而是很多错误是可以预见的。"

"啊，我明白了。你用一只手拿走，又用另一只手还回来。"

"嗯，算是吧。行为经济学家们已经找到了非理性的几种可预见的表现形式。"

"不是吧？可预见的不可预见性挺像一个悖论的……"

"对一只马尔济斯犬来说，能用这样高深的词还挺让我吃惊的。你最近是不是和住在 14 号的那只苏格兰牧羊犬在一起玩？你说得对，某些非理性的（也就是不一定给个人带来好处的）行为是可预见的。"

"比如说……"

"表述（选择以何种方式呈现）在很大程度上影响我们的选择；拖延和惰性的力量是强大的，因此我们的默认选择很重要；我们易受他人的影响；我们对公平的追求胜过其他；环境中任意出现的某个信号会改变我们的选择……"

"你是不是准备向我一一解释……"

"好的，咱们先从表达开始。选择以何种方式呈现很重要。如果人们被告知某种香肠'90% 无脂'，他们购买香肠的可能性会比被告知'10% 含脂'时要大。"

"美味无比的香肠。"

"咱们来做个实验〔这是基于丹尼尔·卡尼曼（Daniel Kahneman）和阿莫斯·特沃斯基（Amos Tversky）的一个实验。两人为行为经济学奠定了基础〕。我请你想象一下，某个国家即将出现一种罕见的疾病，预计有 600 人会因此丧生。现在有两种应对方案。如果方案一被采纳，将拯救 200 人的生命。如果方案二被采纳，有三分之一的可能是 600 人获救，有三分之二的可能是无人获救。你会选择哪个方案？"

"嗯，我不喜欢方案二给我的感觉。我选方案一。"

"大部分被问到这个问题的人和你的选择一样。现在我来问你一个不同的问题。在同样的场景下，你必须在另外两种方案之间做选择。如果方案二被采纳，400 人会死去。如果方案四被采纳，有三分之一的可能是没有人死亡，三分之二的可能是 600 人将会死去。你会怎么选择？"

"嗯，这样的话我会选择方案四……等等，这是个圈套吗？"

"对，蒙迪，的确是。咱们再仔细想想这些问题。两组问题的唯一不同是，在第一组问题中，我用的表述是拯救生命，而在第二组问题中，我用的表述是多少人会死去。除了表述不同外，两组问题实际上是一样的。卡尼曼和特沃斯基对此的解释是，人们在面对获得时，通常规避风险，在面对损失时，又会寻求风险。这是大多数人和你一样采取的第一反应。有相当多非理性因素其实并不重要，却影响了人们的判断。"

"这么看的话确实挺有意思的——可这些人是在回答假设的问题，他们怎么想的真的很重要吗？毕竟这并不是真实的场景，对吗？我不需要负责在应对某些可怕的新疾病的医疗方案中做出选择。"

"说得好，蒙迪。我来说两点。第一，卡尼曼和特沃斯基确实曾问过医生，并得到了十分接近的回答。第二，行为经济学理论的确在很多情况下为人们带来了更好的结果。我们以默认选择为例。如果加入工作养老金计划并非人们有意识的选择，但退出计划需要提出明确申请，加入计划的人会大幅增加。器官捐献也是如此。在有的国家，必须选择是否决定加入死后器官捐献计划。我们很容易做出默认选择。有的国家则默认已获得你的同意，除非你自己决定退出捐献计划。因此，当你在设计'选择架构'时，要对什么是默认选项十分小心。关键在于：如果你想让人们做某件事，不要把事情复杂化。在自动餐厅结账处放上水果而不是巧克力。"

"反之亦然：如果你不想人们做某件事，把事情复杂化。"

"所以你才会把饼干放在架子的最上面那层？"

"这是公司一直以来最喜欢用的策略。本月杂志免费试阅？申请试阅很容易，不想续订却很难。事实上，不管是取消保险也好，健身会员也好，都麻烦得很，于是你干脆……不自找麻烦了。"

"行为经济学听上去挺强大的。"

"也有批评的声音。批评者认为行为经济学不像科学的理论那样能做出清晰、可证实的预测。行为经济学还过度依赖于学生在假设的场景下做出的回答，而学生的回答并不总能准确预测人们在现实世界中的行为。"

"你怎么看？"

"我认为行为经济学是经济学的有益补充，因为它帮助我们认识社会是如何运转的。行为经济学的核心论点是：许多看起来次要的因素却能极大影响我们的行为。如果你想要帮助人们活得健康、捐献器官、拯救他人生命，那你最好记住这一说法。行为经济学之父理查德·塞勒（Richard Thaler）曾提出，他不认为行为经济学会掀起一场推翻主流经济学的革命。恰恰相反，它回归到了亚当·斯密最初提出的以直觉为出发点的开放式学科，所不同的是加上了数字运算和实验方法。"

"好啦，今天的课讲完了。咱们回家？"

"回家。"

第十次散步

国内生产总值（GDP）：
并非所有的价值都能用
数字衡量

本次散步的话题：GDP 简史。GDP 的发明是为了回答"经济表现如何"这一问题。GDP 的数字可真够大的。GDP 存在的问题以及替代方案。虽然 GDP 有其不足之处，但它仍是有益的衡量手段，与我们珍视的事物（寿命和幸福生活）并行不悖。

今天虽然狂风大作，却是个晴朗的好天气，蔚蓝色的天空上翻滚着朵朵白云。这样的天气最适合散步到一处视野开阔的高地。我们已经去过樱花草山，这次不如去国会山好了。我们先是搭火车到了福音橡（Gospel Oak），从那里爬了 10 分钟到达山顶。从这里看过去，从金融城里熠熠发光的高楼到令人叹为观止的哥特式的威斯敏斯特宫，伦敦全貌一览无余。国会山从前也叫作叛徒山，名字的起源可能和一个历史典故有关。盖伊·福克斯（Guy Fawkes）和他的火药阴谋事件同伙原本准备在这里观察计划中盛大的"烟火表演"。英国内战期间，国会派军队集结于此，于是便有了"国会山"这个新名字。如今，集结于山顶的人变成了游客，他们一个个抓着自己的帽子，好不让大风吹走。

"好了，蒙迪，咱们已经讲到了个人、公司或其他群体做出小范围内的决定如何影响市场，这是微观经济学关心的内容。咱们现在要退回一步来审视经济作为一个整体是如何运行的。"

我做了一个环抱的姿势，把眼前的全景收入怀中。

"全局。"

"正是。经济学的这一分支叫作——"

"我来猜猜，宏观经济学？"

"你真是班上最好的学生。"

"班上只有我一个学生，最好的和最差的都是我。这是基础算术题。"

"随你怎么说好了。回到宏观经济学的话题。我们要研究的是失业、通货膨胀以及导致和限制经济增长的因素。虽然这都是些宽泛的主题，作用于整体经济的大规模层面，但对于我们每天的生活同样有着实际的影响。"

"明白了。很重要，而且不只是理论层面。微观经济学像一只成天叫唤的小狗，宏观经济学则像一条体形硕大的狗，比如咱们在汉普斯特德希思公园见到过的那只纽芬兰犬。可两种狗都会咬你的屁股。"

"也许你说得对。咱们从 GDP 开始好吗？"

"大型狗的便便？打扮俗气的哈巴狗？憔悴沮丧的鬈毛狗①……"

---

① 原文英文中 3 个表达的首字母缩写均为"GDP"。——译者注

"说完了吗？"

"对不起。"

"GDP 是国内生产总值。经济学家们招人讨厌的一点是喜欢用数字说明问题，而他们最爱的数字与 GDP 有关。经济概念与 GDP 有千丝万缕的联系。"

"听上去挺重要的。这个叫 GDP 的东西到底是什么？"

"最基本的概念其实很简单。GDP 指的是某个国家生产的商品和服务价值的总和。回顾一下历史能帮助我们更好地理解。我们叫作经济的这个庞大无形的东西以及使用 GDP 作为衡量经济的手段，这一切都要从经济大萧条开始说起。"

"讲讲背景……"

"始于 1929 年的大萧条是现代社会最大的金融危机。我不想具体分析经济大萧条产生的原因——这得花上一整天的时间，况且历史学家和经济学家们还未能达成共识——先是出现了股市大崩盘，很快便波及整个社会。公司破产，失业率创下历史新高，人们生活苦不堪言。衰退之象虽是不争的事实，却很难用客观的数学术语加以描述。人们需要的是一个能说明问题的数字。"

"美国政府找到了一位名叫西蒙·库兹涅茨（Simon Kuznets）的经济学家和统计学家，交给他一个任务，请他找到衡量整个国家一年内生产总值的方法，新买的每辆车、每件衣服、每瓶啤酒、新建的每座房子和每次看医生都要计算在内。1934 年，库兹涅茨发表了《国民收入报告（1929—1932）》（*National Income 1929—1932*），居然成了一本畅销书。此书首次给出了以下问题的答案：经济出现了什么问题？经济表现有多糟糕？有好转的迹象吗？还会变得更糟吗？库兹涅茨将模糊的概念换成了客观数字。很快，政治家们在有关'经济'的演讲中开始使用这些数字。我们从对经济活动情况没有任何具体概念的世界来到了以数字为中心的世界。"

"其他国家很快采用了库兹涅茨使用的概念。让政治家们感到欣喜的是，一旦可以衡量某件事物，就意味着有了控制它的可能。凯恩斯开始把经济看成是政府可以也应该干预的对象。第二次世界大战后，任何想得到美国援助的国家必须出示一份本国 GDP 的评估报告。与高高飘扬的国旗和亏损的国家航空公司一样，GDP 成了国家身份的象征。只要一个具体的数字，就可以将各国的 GDP 进行排名。出现了共产主义和资本主义思想之争的冷战期间，GDP 成了向世界宣告谁是赢家的信号。GDP 不仅是一个数字，还是一种'武器'。"

"哦，我大概明白你的意思了。撇去意识形态之争，GDP 只是经济表现的一个指标。但 GDP 是如何具体衡量的？"

"这个部分要稍微专业一点，不过我会尽量说清楚。有个老掉牙的经济学笑话说，有两样东西的制作过程是你不想看到的——香肠和经济数据。这话至少能让你明白 GDP 的计算十分复杂。GDP 的正式定义是一个国家在某个特定时期内生产的所有最终商品和服务的市场价值。我们首先应当注意到的是，GDP 是个流量指标，而非存量指标。"

"没听懂。"

"我的意思是，GDP 衡量的不是一个国家财富的存量，它有多少东西。GDP 衡量的是一段时期内商品和服务的增加值。比如有人造了一座房子并把它卖给了你，这其中产生的价值是算在 GDP 里面的。要是几年后你把房子卖给别人，由于这其中没有产生新的价值，因此不被算在 GDP 里面。"

"还要记住，GDP 只衡量某个国家的产出（所以它的全称是国内生产总值），而没有将进口的商品和服务计算在内。"

"我有点明白了。不过我还是不清楚 GDP 是如何计算的。"

"GDP 通常有三种容易混淆的计算方法，至少从理论上来说，三者得到的答案是一致的。第一种方法叫生产法，它将生产的商品和服务总价值加起来。第二种方法叫收入法，它将所有人收入的总和加起来。第三种方法叫支出法，它将每个人的消费值累加起来。"

"也就是生产了多少，赚了多少，花了多少。三者得出的数字是一样的。"

"对。举一个最简单的例子。假如一个农民种了 100 个苹果，每个苹果市值 1 英镑，你可以用生产值来衡量他对 GDP 的贡献（1 英镑 ×100=100 英镑），也可以用支出值来衡量（消费者买了 100 个单价为 1 英镑的苹果，共计支出 100 英镑）。你还可以用收入值来衡量（农民卖出苹果后赚得 100 英镑）。从理论上来说，无论你用哪种方式，得到的都是相同的答案。"

"对你来说，支出法应该是最好懂的，咱们就先来说说这个吧。首先想一想有哪些购买商品和服务的群体，有家庭（蒙迪，这指的是我们），有公司，还有政府这样的采购大户。然后我们还要考虑进口和出口。还记得吗，GDP 计算的是某个国家一年之内生产的所有商品和服务的价值总和。生活在其他国家的人购买了我们在英国生产的部分商品和服务，你得把这部分加进来（出口的部分）。同时，我们也购买了其他国家生产的商品和服务，你还得把这部分拿出去（进口的部分）。"

"我用这根木棍在地上给你演示一下。GDP 公式是——"

"等等，什么？你答应过不用公式的！"

"我确实说过……不过这个公式很简单。你看：$Y = C+I+G+(X-M)$。"

"'Y' 代表 GDP（别问我为什么，这些符号不是我发明的）。

'C' 代表家庭在新生产出来的最终商品和服务上的花费（不算新房产，此部分纳入投资范畴）。'I' 代表投资，差不多相当于公司的所有支出。'G' 代表所有政府在商品和服务上的支出。最后是代表出口的 'X' 和代表进口的 'M' 之间的差，即净出口（$X-M$），也叫作贸易差额。将以上四者的值加起来，得到的便是 GDP 的估值。懂了吗？"

"不太懂。不过我还是会点点头，鼓励你继续说下去。"

"好，我来给你列一些真实的数字，你就会明白重要性在哪儿了。首先来看一下以 GDP 为衡量指标的世界排名前几位的经济体，你也许会对这个感兴趣。据世界银行统计，2020 年全世界前五大经济体分别为：美国、中国、日本、德国和英国。"

"第五！对一个面积不大的岛国来说相当不错了。"

"的确如此。不过以美元为计算单位的话，数字看起来就很不一样了。美国的 GDP 为 20.9 万亿美元，中国的 GDP 为 14.7 万亿美元，英国的 GDP 为 2.7 万亿美元。"

"可美国和中国人口要多得多……"

"所以人均 GDP 更能反映经济状态。因为人们花费的每一部分都来自收入，因此人均 GDP 能较为准确地反映人们的收入水平。比如排名第二的中国 GDP 总量庞大（约为美国 GDP 总量的四分之三），但中国人口数量同样庞大，其在 2020 年的人均 GDP

仅有 1.0 万美元。美国 2020 年的 GDP 为 6.35 万美元。因此，将人口规模纳入考虑因素非常重要。"

"而另一方面，有些国家的 GDP 数值很小。像中非共和国和冈比亚这样典型的发展中国家，其 GDP 分别为 23.8 亿美元和 18.68 亿美元。"

"也没有那么小……"

"也许数字看上去挺大的，但人均 GDP 分别只有 492 美元和 77 美元。"

"另一个有意思的地方是不同国家的 GDP 在不同时期的变化。从 1952 年到 2017 年，中国的人均 GDP 从 1952 年的刚超过 1000 美元上升到了 1.3 万美元①。这些是考虑了通货膨胀因素后经过调整的数字，因此能说明生活水平的真实变化。确实是巨大的飞跃。"

"什么是调整通货膨胀？"

"物价上涨的趋势就是通货膨胀。在我小时候，花 10 便士就能买到一块吉百利巧克力，现在要花上 25 便士。要想衡量生活水平随着时间的推移产生的变化，就得将物价变化考虑进来。如

① 为了方便比对，这是考虑了价格变动因素（通货膨胀）和不同国家之间的价格差异调整后得出的数字，采用的是 2011 年的物价标准。——译者注

果有人告诉你 GDP 翻了一番，你得知道是因为物价上涨了，还是因为国家生产的东西更多了。刚才咱们讲到，中国的人均 GDP 从约 1000 美元上升到了 1.3 万美元，这是按 2011 年的物价得出的数字，也就是说我们有可比价格作为参照。可以想象，经济学家们的计算远比这要复杂得多。说到底，不同年份之间的 GDP 对比通常是调整了通货膨胀后的数字。"

"哦，我明白了。GDP 十分重要。我理解得没错的话，GDP 计算的只是跟钱有关的交易。虽然我只是一只狗，我还是想知道那些不涉及钱的东西怎么算？"

"问得好，蒙迪。GDP 是一个十分重要的数字，但也仅是个数字而已，无法衡量那些对幸福生活重要的东西。有不少增加 GDP 的东西还会让国家陷入更糟糕的境况。人们砍伐大片森林卖掉木材，GDP 增加了，可环境成本是不算在里面的。战争同样如此。战争花费浩大，政府必须购买武器、钢铁和燃料，这些都能增加 GDP。在 1968 年的一次著名演讲中，罗伯特·肯尼迪[①]（Robert Kennedy）将目标对准了这一衡量手段。GDP 包括了政府在武器和监狱方面的支出，却无法认同对幸福生活最为重要的东西，如健康、教育质量和公职人员的廉洁。肯尼迪说 GDP '简

---

① 第 35 任美国总统约翰·肯尼迪的弟弟，前美国司法部长。——译者注

言之'衡量'一切，唯独把使生命有价值的东西排除在外'。话说得也许有些不近人情，但 GDP 确实存在不少问题。"

"第一个问题，正如肯尼迪所指出的，是 GDP 不包括'负面外部效应'。"

"哦，我记起来了——污染、噪声和犯罪。"

"没错。如果你把一个池塘里的鱼全部捞走卖掉，GDP 会有所增加，它不会考虑自然资源被消耗的事实。GDP 也不会记录非正式经济中出现的任何交易。"

"休闲短裤和 T 恤？"

"你就继续想着这个话题吧。对经济学家们来说，非正式经济是人人知道却不会留意的经济成分，要精确衡量它们是相当困难的。比方说，建筑公司提出如果你用现金支付就少收你几英镑，或是出租车司机没有给你票据。你们之间的交易不太可能被上报给税务部门，因而不会出现在 GDP 的统计数据中。即使在发达国家，没有上报的部分也能在整个经济活动中占相当大的比重。1987 年，意大利开始将影子经济纳入官方统计数据，GDP 因此在一夜之间增长了 18%。"

"在发展中国家尤为如此，因为许多经济活动是在暗处进行的。印度的绝大多数交易通过现金支付，许多交易成功逃脱了税务部门的监察。为了减少非法活动，印度总理纳伦德拉·莫迪

（Narendra Modi）于 2016 年宣布废除印度两种最大面额钞票的流通。在 2016 年年底之前，你仍然可以去银行将手头这两种面额的钞票兑换成小面额钞票，或是将它们存入银行。期限一过，它们便成了没用的废纸。'废钞令'造成了混乱局面，人们在街头排着长队，一等就是好几天，只为将旧钞票换成新钞票。"

"不嫌麻烦吗？"

"如果你手头积攒了大量这两种面额的钞票（超过 25 万卢比），你必须说明钱的来历才能兑换。这相当于给怀疑你的钱来历不正的税务部门打开了暗处的手电筒。"

"奏效吗？"

"税务收入确实增加了，说明至少一部分经济活动从暗处转到了合法的范畴。不过许多专家认为没有必要因此引发如此大范围的混乱，况且其他目的——找出藏在暗处的假钞和那些隐藏资产的人——并没有实现。后者的原因是世界各地的富人为如何隐藏财富，不被税务部门发现想出了许多花招。从这一事件不难看出，GDP 只计算上报的交易。为了避税，许多人开始用影子经济大做文章。"

"GDP 的另一个不足之处在于，它本身不会记录没有产生支付的交易。我付钱请别人带你去散步可以增加 GDP，我带你去散步则不会增加 GDP。如果大家都付钱请别人带他们的狗散步，这个国家真的能变得更好吗？如果一位母亲生完孩子后决定去上班，实际上新增了两份工作（她自己的工作和她付钱请别人照顾孩子的工作），两份工作都增加了GDP。当人们决定不花钱自己动手（在家做饭而不是出去吃，自己理发而不是去美发店，自己种蔬菜而不是去市场买），GDP只会减少不会增加。"

"想象一下，生活在某个国家的人不用长时间工作，可以精心地为自己准备好吃的（因此在同等条件下，GDP水平更低），但谁又能说他们的生活质量不会更高呢？很显然，GDP完全没有将休闲的价值计算在内。"

"你们人类成天敲着键盘，盯着电子表格，对着计算机屏幕说话。光看表情还以为你们正坐在火箭上呢，其实只是坐在计算机前摆出一副专家的样子而已。"

"你说得没错。GDP还存在一个问题，它没有说明人们的收入是如何分配的。GDP的增长数字看上去令人满意，不过你还记得之前提过的不平等问题吗？如果GDP数字说明的只是1%最富人群的收入情况，我们或许就不必沾沾自喜了。在BBC的一档名为'问与答'的电视节目中，嘉宾们正在激烈地讨论脱欧问题。一位名叫阿南德·梅农（Anand Menon）的政治学教授提出，脱欧将减少英国的GDP。观众席上有位女士毫不客气地反驳道：'那是你的GDP，不是我们的GDP。'GDP统计的是平均数和总量，很多背后的不平等是我们看不到的。"

"到目前为止，咱们讲的问题都跟 GDP 所衡量的和所没有衡量的有关。随着社会的不断变化，衡量概念本身也面临了一些质疑。GDP 最初被提出时，适用的对象是 20 世纪的经济，表现形式为包括汽车、吸尘器和收音机在内的实物的大规模制造。GDP 是行之有效的经济活动指标。可即使是这样，它仍然存在某些问题。GDP 更注重的是某件商品的生产，但商品质量的提升又如何统计呢？今年的电视卖得比往年贵，但说不定质量更好了。我在 2002 年花 1499 英镑买了一台苹果笔记本。今年我花 999 英镑买了一台性能好得多的新款苹果笔记本。不把质量提升考虑进来的话，通货膨胀产生的影响就会被夸大。商品的更新速度之快，其质量已不可同日而语。苹果手机已没有了当年放在我父母家电话桌上的那部电话的影子，甚至与我在 2000 年用过的摩托罗拉砖头式手机也有了很大不同。"

"但 GDP 真正棘手的部分是如何统计正在日益主导经济的服务和数字产品。你如何比较外科医生现在和 20 年前的工作量？政府提供的公路、教育和健康等服务如何统计？几十年来，产值一直是以提供服务的成本来计算的，但 GDP 真的能准确计算产值吗？"

"还有一个关于衡量的问题是，如何给没有价格的经济活动估值，如使用维基百科、脸书、中目（Zoom）和油管网等。全球通用的做法是，零价格的商品不计入 GDP。这些公司的服务给我们的生活增添了价值，却没有直观地被反映在 GDP 中。"

"经济学家黛安娜·科伊尔（Diane Coyle）指出，我们喜欢把 GDP 看成一种能加以科学量化的客观存在，正如我们能测量出珠穆朗玛峰的高度、海平面的上涨高度和一块松饼所含的热量一样。然而科伊尔却认为，GDP 并不是这样的实物，它是人们杜撰的概念，一种人为编造的产物。我们采用各种极其复杂的方法对 GDP 进行调整，好将通货膨胀和汇率等因素考虑在内。"

"总的来说，GDP 十分重要，但你需要用怀疑的眼光看待它。"

"如果 GDP 存在这么多问题，为什么人们不干脆摒弃它，转而使用其他方法判断贫富程度？"

"人们已经尝试过不同的方法。位于喜马拉雅山脉南麓的国家不丹提出了国民幸福指数，以期更全面地衡量幸福生活。国民幸福指数分成四个维度：可持续发展、环境保护、善治和对不丹文化的保护。"

"这个想法听上去挺棒。"

"也许吧。有人认为国民幸福指数是空洞的口号，旨在转移人们对不丹贫穷事实的关注（其 2020 年人均 GDP 为 3000 美元）。更糟糕的是，指数实际上掩盖了不丹对尼泊尔劳工移民某种程度上的压制（谁来定义传统'文化'，它又包括哪些内容？）。不管怎么样，很少有人会否认，比起金钱，幸福感才是衡量幸福生活更合适的指标。"

"我认为联合国使用的人类发展指数更科学。它将人均寿命、识字程度、教育水平和生活水平等纳入衡量范围。对了，不丹在人类发展指数中排名[①]第129位（尼日尔垫底，排名第189位）。"

"英国排名多少？"

"第13位，一个相当不错的成绩。"

"真的吗？真没想到，毕竟我老听到哲学家成天抱怨。"

"挪威（预料之中）位居榜首。经济合作与发展组织[②]提出的幸福指数是避开GDP缺陷的另一次有益尝试。它允许你根据自己的想法给各项指标的重要性排序，如社区生活、对环境和生活的满意度。幸福指数包括了11个方面的内容，以给出对幸福生活更全面的定义。"

"为什么还要用GDP？你已经列出了一长串的问题，为什么不用别的衡量手段？"

"GDP无疑存在缺陷，连其发明者库兹涅茨也对GDP的具体

[①] 此处排名为2022年数据。——编者注
[②] 经济合作与发展组织是由38个发达工业国家组成的集团，成员国包括美国、英国、法国和德国等。——译者注

应用感到不满。他明确表示，GDP 决不能与幸福生活混为一谈。可是，没有任何一种数字能概括生活的方方面面。虽然人们从来没有打算用 GDP 衡量幸福生活，但 GDP 的确与其他衡量手段并行不悖。对比不同国家的数据不难发现，GDP 水平更高的国家往往在公认的其他重要方面（如人均寿命）分数更高，在公认的不好的方面（如婴儿死亡率）分数更低。问题的关键在于你不能期望 GDP 做本不应由它做的事情。还有，别忘了没有 GDP，谈论经济几乎是不可能的，而我这样的人也会失去工作。"

"我也不期望能弄明白散步时学到的所有内容，但这无疑提高了我的生活质量！"

"说得对。今天的课已经上了很长时间了，咱们回家吧。"

第十一次散步

经济增长：我们如何让这个世界对低收入者更友好

本次散步的话题：什么是经济增长？它如何衡量？它有多重要？在不同的历史时期和地区，它有何不同？我们如何能让这个世界变得更好？

"蒙迪，在今天的课上，我想和你聊聊增长。"

"糟糕。我知道自己最近长胖了一点儿，说不定你在我的药片里加了糖。"

"蒙迪，我说的是经济增长，你肯定很清楚。"

"当然。咱们散步去公园吧，顺便再捉几只鸟。总有一天我会捉住那些鸽子。"

今天我准备换个地方，往汉普斯特德相反的方向走，到基尔伯恩农场公园（Kilburn Grange Park）散步。这里的感觉与汉普斯特德很不一样。公园很大，空地开阔，有网球场和孩子专属的游玩区，但周围有不少伦敦的低收入者住的地方。喝醉了酒的人躲在灌木丛后面，无家可归的人躺在长椅上。然而这里并不是绝望之境，孩子们兴奋的喊叫声穿插在母亲们愉快的交谈声中，给人以希望的力量。蒙迪之前只认识汉普斯特德的那几只娇生惯养的哈巴狗，而今天，他拓宽了社交圈，主动与附近的几只邋里邋遢的老狗打招呼。我松开牵着他的皮带后，他开始追赶起一只有点像艾尔谷犬又有点像毛鼻袋熊的动物来。不一会儿，一只长得像河马宝宝的，憨态可掬笨拙友好的大型动物又开始追起蒙迪来。蒙迪终于玩累了，来到我坐的长椅边。由于刚才跑得太剧烈，他这会儿还在伸着舌头喘气。

"来点费脑子的东西？"

"神经元开始工作了。来吧。"

"好，咱们来讲经济增长。在大部分历史时期，人类的生活水平并不是持续改善的。一个普通人在 1800 年的生活不会比在中世纪时好到哪里去。哪怕在衣食住行方面只能满足最基本的需求，你都算幸运的了。世界各个地方的人过得都差不多。埃及、印度和法国的低收入者一样，不仅要靠天吃饭，还要受反复无常、心狠手辣的主人摆布。"

"工业革命改变了这一切。从那以后，几十亿人摆脱了苦差事和贫困潦倒的生活：男人要干艰难的（危险的）体力活，女人则有干不完的累人的家务活。20 世纪使大多数人的生活改头换面。现在，一个普通人的财富比 1900 年增长了近 6 倍。然而，这样的改变并不是均匀分布的。紧接着关键的问题来了：为什么美国和包括英国在内的欧洲国家比 100 年前变富了这么多？为什么撒哈拉以南非洲地区依然如此贫穷？诸如此类的问题正是经济增长研究的核心。"

"不过首先，我想向你介绍加措特拉（Gacotera）一家。"

"加措特拉一家住在菲律宾。40 岁的里奥（Leo）是一个小农场主。他的妻子玛丽亚（Maria）今年 36 岁，是个家庭主妇。两人共育有 3 个孩子。里奥每周大约工作 48 个小时，有时每周还会多工作 20 个小时做砍伐木材的工作。在亲戚朋友们的帮助下，他们建了一个两居室的房子。把它叫作房子似乎不太恰当。当初建好的时候就费了不少脑筋，还得时不时小心翼翼地维护着。不过，它仍算得上是个体面的棚屋，有个漏雨的屋顶，一家人难得不被打扰。房子里通上了电，有马桶、冰箱和一部手机。日子虽然过得有些艰难，至少比 1870 年以前世界上的大多数人过得要好。他们吃的食物一半是自己种的，一半是买来的。一家人每周花两个小时去外面将清洁的饮用水打回来，每周出门大约花 7 个小时收集做饭用的木头。他们准备把钱存下来，好换掉漏雨的屋顶。以美元计算，他们每月的收入约为每个成年人 194 美元（咱们之后再具体讨论这个数字是怎么算出来的）。"[1]

"这种生活不好吗？他们不开心吗？"

"问得好。哪怕和发达国家中最贫穷的家庭比起来，加措特拉一家的生活也只是温饱水平，可他们看上去没什么不开心的。

---

[1] 这一计算方法估计每个成年人每月约消费价值 194 美元的商品和服务，包括这一家人购买和自己生产（如食物）的价值。——译者注

一家人挣的比花的刚好多那么一点，生活有了放松的空间。随便捡到个什么都能成为孩子们的玩具。他们不用忍饥挨饿，生活过得挺有盼头。"

"再来认识乔杜里（Chowdhury）一家。他们生活在印度。40岁的苏雷什（Suresh）以卖水果为生。他的妻子巴斯尼蒂（Basiniti）今年30岁。两人共育有四个孩子，年龄从3岁到10岁不等。孩子们都没有上过学。一家人住在一个单间的——嗯，我不确定你是不是同意这种叫法——把它叫棚屋都言过其实，最贴切的叫法应该是小破屋。屋子里没有电、水和马桶。要去最近的水源打水，来回得走上5公里，而且水还不是干净的饮用水。苏雷什每周要花超过17个小时把一家人用的水打回来，花4个小时找做饭用的木头。据估计，一家人每月收入约为每个成年人30美元，而且全部被用在了购买食物上。他们希望有朝一日能头一块地，住进一个附近有水井的家。我们虽然不能窥见他人的内心，但很显然，穷到了这个份上的人肯定是不幸福的。"

"真让人心碎。我希望这种贫困不是普遍现象。"

"并不像你希望的那样少见。2017年，世界上有约9%的人仍生活在极端贫困线以下，每日生活标准只有1.90美元。"

"在过去50余年间，人类取得了辉煌的成就，科技的进步使发达国家的人民生活发生了翻天覆地的变化。可为什么全世界仍有几乎十分之一的人的生活处于赤贫状态？"

"简单地说，这些国家的经济出现了问题，错过了英国、美国和世界上大部分发达国家经历的持续经济增长期。亚当·斯密写下《国富论》的 1776 年，最富裕经济体的财富约为最贫穷经济体的两倍，而现在已经变成了 40 倍以上。"

"为什么发达国家，呃，很发达，而其他国家，呃，不发达呢？"

"这是一个价值百万美元的问题。好消息是，我们对富国富裕的原因已经有了清楚的认识。坏消息是，我们似乎还没能找到使穷国变富的秘诀。不过首先，咱们先来弄清几个技术性问题。"

"好吧，不过说简单点儿。"

"我尽量。首先来看定义。经济增长衡量社会生产的经济商品和服务在数量和质量上的增加值。通常来讲，衡量经济增长的方法是观察 GDP 在不同时期的变化。为了使对比说明问题，需要将通货膨胀的因素考虑进来。这样一来，你衡量的才是真正的经济增长，而不仅是价格的上涨。"

"下一个问题是如何在不同的国家之间进行有意义的对比。对比数字通常需要考虑不同国家之间商品成本的差异，这要用到购买力平价的概念。"

"啊？"

"我自己也花了不少工夫才弄明白。打个比方，一个印度人赚 12.6 万卢比，一个美国人赚 5 万美元。你觉得谁更有钱？"

"不好说——我不知道卢比和美元之间的区别。"

"说得好。要在两者之间进行对比，得找到在美国靠5万美元生活和在印度靠12.6万卢比生活的人的生活质量的区别。你可以使用市场汇率换算。2017年，12.6万卢比大约相当于2000美元。不过还存在一个问题。由于美国的生活成本比印度的要高得多，使用市场汇率会夸大美国人与印度人相比的富裕程度。因此，经济学家使用购买力平价汇率，它考虑了美国和印度这样的国家之间的巨大物价差异。在使用购买力平价折算后，2017年印度的平均人均收入约为7000美元。"

"哦，我大致明白了。随着时间的推移，人均收入增加了，但国家之间的贫富差距也变大了。背后的原因是什么？"

"相对较小的经济增长差值，哪怕是 1% 和 2% 之间的区别，如果持续时间够长，都能导致差别迥异的结果。"

"差别有多大？"

"想象有贡达尔、埃西纳和阿尔科纳①3 个国家。1920 年，3

---

① 英国作家艾米莉·勃朗特（Emily Bronte）和安妮·勃朗特（Anne Bronte）曾杜撰了一个名叫贡达尔（Gondal）的位于北太平洋的小岛，小岛上有 4 个王国，分别是贡达尔（Gondal）、安哥拉（Angora）、埃西纳（Exina）和阿尔科纳（Alcona）。——译者注

个国家的 GDP 都是 1000 英镑。假设贡达尔的经济增长了 1%。100 年之后，贡达尔的人均 GDP 达到 2704 英镑。埃西纳的经济增长了 2%，现在的人均 GDP 达到 7244 英镑。阿尔科纳经济增速为 4%，到了 2020 年，其人均 GDP 达到了 50504 英镑。经济增长百分比之间的较小差异随着时间的推移产生了差别迥异的结果。"

"哇。"

"确实挺让人惊讶的。这种现象也被叫作'70 规则'。将 70 除以经济增长率，得到的值便是增长翻番所需的近似时间。设经济增长率为 2%。70 除以 2 得 35。如果一个国家保持 2% 的经济增长率，那么国家收入翻番大约需要 35 年。35 年差不多是一代人的时间跨度，也就是说每一代人的收入是他们父母的两倍。如果一个国家的经济增长率为 7%，则国家收入每 10 年左右会翻一番。简言之，一些国家落后的原因是经济增长乏力。"

"世界上的其他地方呢？"

"大约从 1960 年开始，我们手头上才有了可靠的数据。我们来看从 1960 年至 2009 年的数据。撒哈拉以南非洲地区从一开始就很穷，但和其他国家相比差距并不是太大。可是，这一地区的经济增长十分缓慢，现如今已成为世界上最贫穷的地区。亚洲国家一开始在很多方面只比撒哈拉以南非洲地区好一点，但强劲的经济增长使其跻身中等收入国家的行列。拉丁美洲在 1960 年的经济表现尚可，但其增速一直低于平均水平，现在经济水平位于中游。经合组织一开始的经济表现最好，现在仍然位于世界前列，但这个位置开始出现了其他国家的身影。"

"我明白经济增长的重要性，但这并不能回答我的问题：为什么有的国家经济增长得快，而有的国家则不然。经济增长从何而来？"

"问得很好，蒙迪。很难想象还有什么比如何将仍处于贫困的国家从极端贫困中摆脱出来更为重要的问题。"

"经济学家认为生产效率有三大基本驱动力：人力资本、物质资本和技术效率。"

"你得接着跟我解释。"

"咱们首先来看人力资本。人力资本使我们清楚地认识到，受到良好教育的、健康的人会带来更高的生产效率，而决定生活水平的正是生产效率。"

"接下来是物质资本，也就是生产产品需要用到的所有仪器和设备。比如汽车工厂需要厂房、生产线、焊接机器人、办公计算机和打印机等。"

"最后是技术效率，也就是全要素生产效率。总的来说，它是除人力资本和物质资本之外的所有部分，不仅包括发明电灯泡和流动的装配线之类的技术，还包括对修补现有问题和改善国家治理等提高效率的方法。咱们一会儿再来说这个部分。有些国家无论从任何标准来看都是治理不善的。公路交通、法律体系、征税和廉政方面出现了问题的话，即使有受过良好教育的工人和最先进的计算机，国家经济仍会表现糟糕。"

"人力资本、物质资本和技术效率是否能被衡量？"

"你能估计人力资本和物质资本的值，但你不能直接衡量全要素生产效率的值，因此它也被称为'衡量我们无知的手段'。不过，如果我们已知一个国家的GDP，就可以估计人力资本和物质资本的值，由此反推出全要素生产效率的大致值。我们还可以用这种方法研究生产效率。在比较不同国家数据时，如果某个国家的人力资本值特别低，那么很显然，这个国家需要出台加大教育投入的政策。"

"我听得不是很明白。而且如果经济学家们已经有了解释经济增长的各种理论和公式，为什么整个世界经济并不发达？"

"你的批评并不是没有道理。有几种不同的设想。有人说和地理位置有关；有人强调文化的作用。不过，几乎所有人都认为有效的制度非常重要。"

"为什么地理位置很重要？"

"在观察世界地图的时候，你会发现一个令人吃惊的事实：

大部分贫穷的国家都分布在热带地区，而高收入国家的气候相对更温和。"

"在《枪炮、病菌与钢铁》（*Guns, Germs and Steel*）一书中，贾雷德·戴蒙德（Jared Diamond）提出了地理位置是命中注定的观点。有的国家有着更为得天独厚的自然资源。极端贫困的中心位置在非洲。全世界最贫穷的 10 个国家中，只有阿富汗不在非洲。经济学家杰弗里·萨克斯（Jeffrey Sachs）提出，这一现象绝非偶然，不能简单地用文化特征或制度原因来解释。他提出，最主要的原因是小农户劳作的耕地很少。大部分土地已被耗尽，无法生产出更多的农作物。当地流行疟疾等热带疾病。人们没有安全的饮用水。萨克斯认为，使非洲人贫穷的不是腐败和好吃懒做，而是冈比亚疟蚊。"

"不少最穷的社区位置偏僻，远离港口，因而切断了与国际贸易的联系。如果科技公司要外包制造业，不会冒险深入非洲大陆 1000 英里的位置。"

"萨克斯提出了一种解决方案，即发达国家需要帮助发展中国家应对以上挑战。市场这只看不见的手无法帮助人们摆脱贫困陷阱。地理位置更优越的国家应当支付控制疟疾的费用。帮助农民种植足够的农作物，给他们化肥，帮他们灌溉。建造公路。"

"看上去挺有道理。"

"是的，可我不认为这能解决所有的问题，它假定农业是摆脱贫困陷阱的唯一办法，可在相互联系的现代社会，这种解决方法就行不通了。"

"这意味着……"

"有人从文化视角出发提出一种假设，即不同的价值观和文化信仰是全世界富裕程度产生差异的最根本原因之一。换言之，我们的价值观与技术知识同样重要。"

"还剩下……"

"最后一种解释，即国家制度，我认为这是理解各国富裕程度不一的关键。"

"咱们能往回退一步吗？你老在提'制度'，这个词到底是什么意思？"

"在经济学领域，'制度'指的是塑造我们行为的各种正式和非正式规则。社会制定（和执行）规则的方式非常重要。你明白了吗？"

"差不多明白了……还是没明白。"

"道格拉斯·诺斯^①（Douglas North）有个著名的论断，他把

---

① 美国经济学家、历史学家，因提出制度变迁理论于 1993 年获得诺贝尔经济学奖。——译者注

制度比作'游戏规则'。正式规则包括财产法、公司法、合同和就业法规等。非正式规则是影响我们合作方式的所有社会习俗和惯例。"

"人们只有在认为能收到回报时才会投资并努力工作。要是政府（或当地军阀）粗暴地抢走你的努力成果，你付出的一切还有什么意义呢？正常工作的司法系统对你与他人之间开展商业合作十分关键。如果合同无法履行，则商业活动很难展开。人们之间相互信任，市场运转才会更顺畅。你还需要有力的监管。所有这些都很难衡量。"

"也就是说法律法规越多越好？"

"不一定。有时规章制度过于烦琐，反而给贿赂留下了空子。秘鲁经济学家赫尔南多·德·索托（Hernando de Soto）做过一个实验，他想知道要在遵守所有法律法规的前提下，在秘鲁建立一家小型衬衣工厂需要多长时间。实验结论是：要从 7 个部门那里拿到 11 种不同的许可证，得花上整整 289 天。他收到的行贿要求共计 10 次之多。他想要在不行贿他人的同时把流程办完，可还是不得不两次打破规则，否则实验根本无法继续进行。"

"受到启发的世界银行出台了名为'经商便利度'的指标，旨在评判各国官僚主义现象和腐败程度。好消息是秘鲁现在的分数相当不错，达到 68.7 分（经合组织中的高收入国家平均得分为

78.4 分)①。"

"我不再举例说明哪些属于重要的制度范畴，你应该已经明白我的意思了。令人振奋的是，尽管地理位置无法改变，但制度可以，即使这并不容易。经济落后并非一成不变，我们应该对未来充满希望。"

"我明白了，经济增长是件好事，国家可以通过在人力、基础设施和制度等方面的投资获得更快增长。世界会一直这样增长下去吗？"

"从逻辑上看，经济增长一定会发展到一个什么也不剩的阶段：没有森林，甚至连一棵树也没有；海洋里没有鱼；有的只是一堆寸草不生的石头，也许还有几只行踪不定的蟑螂、鬼鬼祟祟的老鼠、令人讨厌的鸽子和我们人类。"

"呃，说得有点像世界末日的感觉了。"

"哦，对不起。从历史上看，经济增长是以环境恶化为代价的。即使你不把眼光放那么长远，比方说吧，未来几十年内到底会发生什么，结论同样具有争议性。对于未来究竟能否维系之前的增长速度，经济学家之间还未达成共识。"

"经济学家之间产生了分歧？真让人意外。"

---

① 此处数据为 2022 年数据。——编者注

"世界是复杂多变的。我的猜想是，我们会在不久的将来找到某种答案。有人认为，虽然新技术层出不穷，但未来世界的增长不会再出现 20 世纪经济发展黄金年代的速度。正如保罗·克鲁格曼[①]（Paul Krugman）所言：'科技发展迅猛，GDP 却增长缓慢'。"

"你觉得增长放缓的原因是什么？"

"有人说这只是暂时现象，变革性的技术进步转化成切实的成果是需要时间的。罗伯特·戈登[②]（Robert Gordon）则对科技乌托邦不抱幻想，他认为至少在美国，增长率在 20 世纪中叶已达到峰值，并且他对今天美国年轻人的生活水平能否比他们的父母翻一番持怀疑态度。他在《美国增长的起落》（*The Rise and Fall of American Growth*）一书中提出：历史上不会再出现 20 世纪这样特殊的时代了。"

"他说的特殊指的是什么？"

"戈登认为，美国在 20 世纪前半叶的生活水平与历史上的任何一个时期都截然不同（他关注的是美国，但他的不少论点

[①] 美国经济学家，2008 年获诺贝尔经济学奖，主要致力于国际贸易、国际金融、货币危机与汇率变化理论等领域的研究。——译者注

[②] 美国经济学家，主要致力于通货膨胀与失业、经济周期、长期经济增长和生产率等领域的研究。——译者注

也适用于其他国家）。1870年，几乎没有一个美国人家里有自来水、抽水马桶、电灯和取暖设备；疾病肆虐；75%的人生活在农村地区，那里没有电话、收音机、邮政服务，也几乎没有平坦的道路。到了1940年，世界发生了翻天覆地的变化。自从1970年以来，大部分创新出现在娱乐业和通信业。苹果手机确实是神奇的发明，但就提高人类福祉而言，抽水马桶要更胜一筹。戈登说过，有的发明比别的发明更为重要。他对未来是否还会出现如此巨大的变化持怀疑态度。"

"说到家里的舒适生活，我感到有一滴雨掉下来了……"

"你说得对，咱们往回走吧。还有一个问题值得我们好好思索：经济史最重要的问题之一是，经过几个世纪的沉睡后，世界经济为什么突然苏醒了？世界上仍有许多像乔杜里一家那样生活的人，他们整日辛苦劳作，却陷入看不到希望的贫穷之中。我们该如何帮助他们，确保他们的后代有机会过上体面的生活？"

第十二次散步

只工作无闲暇，聪明人也变傻

本次散步的话题：工作变得更好和变得更糟的原因。我们讨论了人们是否应该有接受"坏"工作的自由。我们为什么应当对失业数据持怀疑态度以及为什么资本主义需要失业。我们探究了国家福利能否既慷慨又有效。最后我们谈到了未来的工作：机器人会取代我们的工作吗？（很有可能，不过这或许是件好事。）

我发现蒙迪正躺在他最喜欢的休息之所，罗茜上学去了，他就四仰八叉地躺在罗茜的床上一动不动，舒服得很。他睁开一只眼睛，瞟了我一眼，又闭上了。如果你想解释闲适、轻松和安逸，最好先向蒙迪懒洋洋地挥挥手臂。就在此时，我决定了今天要讲的话题。

"好了，蒙迪。不管你愿不愿意，咱们都得出门散步。今天要讲的是工作和失业。"

"我不能再多躺会儿吗？"

"不行，赶紧起来。放心，不会让你太累着。咱们去便便公园。"

我们找到那张熟悉的长椅坐了下来，然后开始——工作。

"蒙迪，对你这种娇生惯养的哈巴狗来说，工作显然并不那么重要，可对于大部分的人类而言，工作的重要性仅次于家庭。"

"真没劲。"

"你说得不完全对。工作很重要，不仅因为它使我们有能力支付账单，还因为它是身份的某种象征。如果你想了解某人的情况，对方的标准回答通常和他们的工作相关：理发师、医生、工程师、老师。"

蒙迪终于打出了今天的第一个哈欠。

"工作这东西听上去挺有意思，跟我讲讲呗。"

"首先说点儿让人高兴的。发达国家的工人的平均工作时长在过去 150 余年间大幅下降。以德国为例：1870 年至 2017 年，平均每年工作时长下降了 50% 以上（从 3284 小时下降到 1354 小时）。同一时期的英国，工作时长下降了 40%。大部分发展中国家的数据却没有这么可观，但即便如此，发展中国家现在的工作时长（虽然比发达国家总体要长）已经明显少于工业革命时期常见的加班时长。除此之外，家里家外的工作条件同样得到了极大改善。"

"以美国为例。20 世纪之前，大多数人以从事农业、重工业和家政服务为生。男人的工作又脏又累，且十分危险；女人则有干不完的苦差事。可到了 21 世纪，从消耗体力程度、受恶劣天气影响和受伤或致死的风险来看，工作已逐渐从令人不快变成了令人愉悦。"

"蒙迪，这就是工作。现在我想谈谈没有工作的情况——失业。首先我要说的是，失业毫无疑问是一件糟糕的事。"

"为什么？我感觉挺好呀。我永远弄不明白你们人类为什么工作起来总是匆匆忙忙的。当然，加布是个例外，他只有当约会迟到了才会一副急匆匆的样子。"

"相信我，蒙迪，失业不是什么好玩的事。你要是失业了，失去的不仅是一份收入，还有你的社会地位、社会关系和日常安排。对整个社会而言，失业同样不是什么好事。人们生产的商品和服务少了，不得不把更多的钱花在社会福利方面。经济学家们通常把失业分为三种：摩擦性失业、周期性失业和结构性失业。摩擦性失业是由人们变换工作引起的。周期性失业是由经济暂时下行引起的，比如 2008 年金融危机和新冠疫情对经济和就业造成的打击。"

"以上两种失业不会让经济学家和政治家寝食难安。而结构性失业是公司和工人之间的需求产生了极大偏差引起的，这种失业才真正让人头疼。20 世纪 80 年代，英国的煤炭和钢铁行业崩溃了。在经济学课本里，这些原来在煤矿和钢铁厂工作的工人骑着自行车去扩建后的地区找到了新工作，有的干技术，有的从事服务业。然而实际上，他们过渡到新生活的过程要艰难得多。基于单一的、正在消亡的产业的社区受到严重冲击，有的再也没能恢复元气。连续几代人经历了失业、贫困和随之而来的社会丑恶现象。哲学家讲过一个故事。他从小生活过的矿业小镇关闭了矿井。在之后的 6 个月内，人们用解聘费在当地开了 4 家渔具店。差不多镇上每个渔民都有一家渔具店。"

"明白了。某些失业不可避免，也不至于一无是处——我说的是你提到的摩擦性失业；某些失业虽然糟糕，却是暂时的——周期性失业；某些失业没有任何好处，也就是结构性失业。"

"没错。"

"我在想，失业应该如何统计？这对你们经济学家来说意义重大……"

"在英国，失业是通过调查进行统计的，这让我有点儿吃惊。英国国家统计局随机抽取 10 万名成年人并询问他们的就业状况。如果他们没有工作且正在找工作，就被认定属于失业人群。"

"简单到难以置信！"

"确实很简单，但得出的数字有一定的误导性。"

"有什么问题吗？我觉得挺清楚的。"

"失业率调查的是那些没有工作且正在主动找工作的人，但忽略了那些没有工作且没有在主动找工作的人。调查方式看上去似乎没什么问题，但它会将本应包括在失业统计中的人漏掉。"

"比如说？"

"在暑期打工的学生或是全职家长也许会这样回应英国国家统计局的调查：他们既没有工作，也不在找工作。不把他们算在失业统计中是有道理的。可要是在经济低迷、工作前景黯淡的情况下，失业一年的你已经放弃了找工作呢？因为你不在主动找工作，因此不会被统计在失业数字中。又或者某人受过专业训练，想找一份全职工作，结果却只能在呼叫中心做一份兼职呢？你也许会认为像这样求职受挫或未充分就业的人应当被统计在失业数字中，但现实并非如此。我们由此得出的主要结论是，有时你得对失业数字持怀疑态度，数字只反映了部分现实，而非全貌。"

"我明白了。谎言！数据是赤裸裸的谎言！"

"真让我没想到，你居然等到第十二次散步才说这种话……不过经济学家面临的真正问题是解释失业出现的具体原因。"

"啊？"

"经济学家认为劳动力市场和其他市场一样，体现了供求之间的相互关系。企业属于需求方，考虑的是要达到利润最大化需要聘用多少人。工人属于供给方，工作意愿各有不同。在完全竞争市场，当供求持平时，劳动力价格——和咖啡、黄金与汽车的价格一样——达到均衡水平。这一逻辑清楚地告诉我们，失业现象本不应出现。显然，这和现实并不一致。"

"哪里出了问题？"

"这是因为出现了供求关系之外的因素。现实中或许存在按照完全竞争市场模式运行的就业领域——比如优步公司的司机就业领域，可大部分劳动力市场并非如此。"

"为什么？"

"经济学家提出了两个原因：工资僵化（也叫粘性工资）和失业搜寻理论。"

"就从粘性工资开始说好了。"

"工资僵化是指出于某种原因，市场工资定得比市场出清水平要高。"

"啊？"

"以咖啡为例。咖啡永远不会'失业'。一旦出现供过于求，价格就会下降到供求相等的水平。工资僵化阻止了供求之间的自我调节，从而导致失业。"

"这一切是怎么发生的？"

"有 4 种基本解释。"

"4 种！"

"抱歉，这对你来说有些过于专业了。第一种解释是，许多国家出台了强制执行的法定最低工资。在英国，从 2022 年四月份开始，政府必须向所有年满 23 周岁的人支付每小时 9.50 英镑的工资。小于 23 周岁的人工资相应减少。还记得需求定律吗？

如果某件商品价格上涨，对它的需求将会下降。"

"有的经济学家认为，如果最低工资定得过高，将不可避免地导致失业。有人成了赢家（赢得了更高工资）；有人成了输家（输掉了工作）。虽然这种说法或许能解释某些失业现象（这一点同样具有争议性），但不够全面。英国政府在 1999 年才出台最低工资，可在那之前失业现象显然已经出现。"

"工资僵化的第二种解释是工会力量过于强大。工会的主要职责是为工人争取更高的工资。按照刚才的逻辑，这产生了赢家（加入了工会的工人工资待遇更高），同时也产生了输家——他们本可以接受低工资的工作，可现在却根本找不到工作。"

"在美国，只有大约 10% 的劳动力加入了工会。因此这种解释同样片面，不适用于所有的失业现象。"

"工资僵化的第三种解释是，出于自私而不是利他的目的，聘请者会支付给工人高于平均水平的工资。"

"我不懂。如果聘请者唯一关心的是追求利润，为什么他们还要给工人支付更多的工资？"

"因为聘请者还关心生产效率。不想失去工作的工人会主动努力工作，生产效率得以提高。对聘请者来说既花钱又麻烦的员工的流动率也会下降。"

"亨利·福特（Henry Ford）给我们提供了一个经典范例。

1914 年，福特宣布将工人工资增加一倍，每日工资为 5 美元。消息一出，很快成了全世界的头条新闻，大量找工作的人聚集在高地公园工厂门口。这一切都要归因于经福特改进后的移动装配线大大提高了生产效率，把生产一台福特 T 型车的时间从 12 个小时以上缩短到了 1 小时 33 分钟。"

"这是件好事，没错吧？"

"你也许会这样觉得，可问题是之前的技术活现在变得重复乏味、让人麻木。许多工人不愿意忍受单一枯燥的生产线工作。迟到和旷工现象越来越多，不少工人选择罢工。"

"与其说每日 5 美元的工资是聘请者发善心，不如说是确保工人不会轻易离开工作。要是你新换了份工作，待遇却不如从前，甚至要领失业救济金过日子，你最好还是乖乖地听话，不提过分的要求才能保证聘请者给你涨工资。你还要抑制上街罢工的冲动，无怪乎资本主义'需要'失业来确保工人严守规矩。无法完成工作任务的人会被解聘，毕竟愿意取代你的位置的人有的是。"

"太邪恶了，真让我倒吸一口凉气。"

"我认为，一位叫杜鲁门·比利（Truman Bewley）的经济学家对粘性工资的解释更有说服力。他想找出工资不会在经济衰退期下跌的原因。如果劳动力市场遵循的是正常的供求定律，那么当经济不景气的时候，工资会下跌。随着商品需求的下降，劳动力需求也会相应下降。"

"可现实并非如此。让人奇怪的是，聘请者不愿意给工人减工资——更常见的做法是工资冻结。比利想知道到底是怎么一回事。作为一个不走寻常路的经济学家，他没有依赖数字运算或理论模型，而是走上街头向人们提问。他发现，根源不在于战斗力旺盛的工会，而在于聘请者担心减薪会打击工人的积极性。比起激化整个劳动力群体的愤恨情绪，聘请者宁愿有选择地解聘工人。"

"如果我没理解错的话，出于这样或那样的原因，工资被定得过高，这是导致失业的因素之一。还可以用什么解释失业？"

"还有就业搜寻理论。这一理论强调，一部分人的失业不可避免。我们都经历过找工作的阶段。总会有空缺的岗位，总会有人要找工作。这有点儿像约会，只不过没有约会那么有意思。由于用人单位和求职者双方信息的缺失，或求职者技能与工作岗位不匹配等原因，空缺的职位并不一定总能有适合的人选。好在政府能为人们找工作提供便利条件。聘请者不愿意录用没有经验的年轻人，因此年轻人的失业率通常更高，麻烦的是失业会演变成无就业能力。英国政府出台了不少为聘请者提供补贴的计划，就业启动计划便是其中一种。如果聘请者录用了一个刚经历了失业的年轻人，政府会在他工作的前 6 个月支付其全部工资。"

"有人提出了一个更具争议性的提议，提出领了失业救济金不应该和轻松的生活画等号。在决定要不要接受一份工作前，你需要综合考虑几个因素：休闲时光对你而言有多重要（有父母的照顾，在家待着很舒服）；如果不着急接受这份工作会如何（受到专业训练的会计一般会先等一等，直到找到一份与自己技能相匹配的工作）；最重要的是，你口袋里有多少现钱。不得不承认，失业救济金越高，人们对要不要接受一份工作就越挑剔。正因为如此，英国政府才出台了相当苛刻的失业救济金标准——单身人士现有的发放标准是每周约 75 英镑，针对 25 岁以下的人群标准甚至更低。"

"哇，连我这条狗都知道这点钱不够用啊。"

"这是政府的权衡方案。我们生活在文明社会，既希望帮助那些有需要的人，又希望鼓励人们去工作。失业救济金计划给不工作的人发钱，这不免让那些努力工作的人感到泄气，他们觉得自己是在给不负责任的人赚生计。失业救济金计划同样不能给成天窝在家里看电视的人带来安稳的生活。有大量证据表明，人们一旦失业时间超过 6 个月，就会被聘请者无视。因此，为了使人们保持对工作的干劲，许多国家减少了失业救济金的发放金额。"

"真有点儿让人沮丧。难道你们这些聪明的人类就不能想出更好的办法，既能帮助失业的人，又能让他们保持找工作的热情吗？"

"过高的失业救济金会使人失去努力工作的动力。很多人，尤其是政治家把它当成某种宣传口号。其实不仅是经济学家和政治家这么想，不少选民也这么想。设定很高的失业救济金通常不是赢得选举的策略，不过右翼媒体肯定会拿失业救济金做文章。他们热衷于发现领取失业救济金的骗局并予以抨击，比如有人请长期带薪病假，其实是偷偷地去爬山、玩水肺潜水、学习斗牛或芭蕾舞。"

"人们尝试过寻求失业和工作之间的平衡吗？"

"尝试过。丹麦曾设计了一种既慷慨又有效的体系。在丹麦，失业补助金金额是你前一份工作收入的 80% 以上。如果你是家长，甚至可以领到和前一份工作收入几乎相等的金额。你也许认为丹麦花在失业补助金上的费用过多，但它的花费实际上远低于平均水平。在经合组织国家，花在失业补助金上的平均费用占 GDP 的 0.59%。英国的花费只占 GDP 的 0.15%，可丹麦更少，只占 GDP 的 0.07%。"

"这些国家为什么能做得这么好？"

"因为他们的劳动力市场相当灵活。在丹麦，聘请者几乎可以自由解聘员工，可这反而使就业形势向好。如果公司不必担心其聘用的员工端的是铁饭碗，公司更有可能在一开始就按自己的意愿行事（正如我从前的一位经济学老师所说，要保持高结婚率，你会认为禁止离婚是个有效的政策吗？）。"

"丹麦自由解聘的政策给人们带来了充分的保障体系。丹麦人失业后找到新工作的速度几乎是全世界最快的，这是因为政府有办法不让你整天待在家里。你得向就业指导中心提交一份简历。如果你不努力继续找工作的话，将领不到失业补助金。用'严厉的爱'描述丹麦的这一体系再恰当不过了。国家提供充分的保障体系，使人们有缓冲时间适应灵活的劳动力市场，但它绝非游手好闲之人的藏身之所。"

"为什么其他国家不照搬丹麦的做法？"

"蒙迪，我无法回答这个问题。我能想到的唯一答案是政治家们极其不情愿给人造成提高政府福利花费的印象。不过，'到丹麦去'已经成为一种公认的表达，被用来比喻实现美好社会的过程中正确的做法。"

"蒙迪，失业问题就讲到这里。在回家之前，我想再讲讲未来工作的样子。"

"这个部分是不是和你讲的机器人来了有关……你应该知道我对机器人的看法。"

"哦，蒙迪，虽然你对家里的扫地机器人的害怕毫无道理，可我还是不该笑话你。"

"不是毫无道理。那个家伙是来攻击我的。我亲眼看见过它对我第二喜欢的玩具兔做过什么：把玩具兔吞进肚子，然后吐出来。它是个怪物。"

"我向你保证，它不会伤害你。不过你有一点说对了，这个部分讲的是机器人来了。"

"不只是你害怕扫地机器人。自从工业革命以来，人们对机械化的害怕从来没有停止过。1589 年，英国女王伊丽莎白一世拒绝了威廉·李（William Lee）发明的针织机的专利申请，因为她害怕这会让针织工人失业。诺丁汉的织袜机操作工人（从前的卢德派）捣毁了给他们的工作带来威胁的机器。现在，我们同样害怕人工智能会取代我们。可我们应该害怕吗？经济学家给出的答案是：无须过于担心。他们指出了历史发展的曲棍球效应：历史上的自动化带来了生产效率和生活水平的极大提升，因此我们应该无惧未来。"

"但……是？"

"但是，这种说法存在两个问题，且对未来都有着深远影响。首先，技术进步对西方国家来说或许是好消息，可它对世界上其他大部分国家来说就未必如此了。英国纺织品产量的极大提高对印度和埃及等曾经的纺织业强国造成了灾难性的打击。19 世纪 30 年代，印度棉纺织贸易已难以为继。时任英国驻印度总督曾说：'棉纺织工人的白骨使印度平原都白成一片了'。"

"其次，即使是在西方国家，由技术进步驱动的生活水平的提高也并非是在一夜之间发生的，况且每个人失去的不一样，得到的也不一样。卢德派被描述成落后的、非理性的人，可事实是蒸汽驱动的织布机使他们丢掉了饭碗。到了 19 世纪 20 年代，布莱克本（Blackburn）75% 的纺织工人失去了工作。在那个年代，这意味着忍饥挨饿的生活，或者被送到可怕的济贫院，生活日渐潦倒。"

"我们本应在讨论未来，你却花了很多时间讲过去发生的事情。"

"俗话说：'历史也许不会重演，却惊人的相似。'正如过去的技术进步产生了赢家和输家一样，未来也会如此。机器人和越来越复杂的人工智能正在出现。想要阻止它们的发展脚步不仅是徒劳的，说不定还会适得其反。如果开自动驾驶汽车更安全、更便宜，我们真的应该予以禁止以保护出租车司机的利益吗？历史告诉我们，很多逐渐被新工作取代、正在消失的工作要么无聊，要么危险。不过，对那些失去了工作的人来说，要他们停止抱怨，告诉他们'从长远看，社会总的来说会变得更好'，这些话并不能带来多少安慰。"

"可这是为什么？如果某些工作没有了，你怎么知道工作不会越来越少？这将是多么可怕的现象。你说过，失业是非常糟糕的。"

"我得向你解释什么叫'劳动力量总量谬论',也就是说工作的总量是固定的。历史表明,这种说法是错误的。我们再来看美国的数据。1870 年,46% 的人从事农业工作。到了 2009 年,只有 1% 的人从事农业工作。在此期间,几百万女性加入了劳动力队伍(女性的参与率从 21% 上升到 76%)。大量移民涌入美国,可是失业率并没有呈现爆发式增长。为什么?自动化通过减少生产成本创造了更多需求。物价便宜了,于是人们在其他的商品和服务上的花费更多了。需求的增加带来其他行业工作岗位的增加。未来的经济不再需要如此多超市的收银员,却需要更多瑜伽老师和护士。"

"我还是不太明白。技术进步究竟是好事还是坏事?"

"都有可能。历史告诉我们,进步的取得是要付出代价的。人们会很快感到痛苦,而好处不会立刻显现。我们需要保护输家。今天剩下的时间你可以做自己想做的事了,不过我有——"

"工作要做。"

第十三次散步（上）

理论上的金融市场

本次散步的话题：金融体系应当如何工作（我们为什么非得发明银行不可）。金融体系的三大因素：股票市场、债券市场和银行（为什么银行业建立在谎言之上）。当金融体系出现问题：投资银行、金融创新和 2008 年金融危机。还有一个轻松的话题：如何迅速致富。

平时我带蒙迪出门，是为了让他透透气，完成沐浴礼。今天出门散步还多了一个实际目的：我要去办用支票付款的手续。没什么比这种赚钱的方式更古板、更烦人、更低效的了。我得走到汉普斯特德商业街，去找一处曾经随处可见，而现在已所剩无几、与外界格格不入的地方：实体银行。我要去的这家银行颇有些年头了，似乎要系着软帽、穿着灯笼裤，骑着旧式自行车① 到这儿才像那么回事。不过带着蒙迪就不好办了。

我们一般认为狗喜欢找有绿色植物的地方。对着大橡树或在阳光下闪烁的柳树撒尿应该是它们最满足的时刻之一。不过蒙迪

---

① 一种前轮大后轮小的自行车，流行于 19 世纪 70 年代到 90 年代，是现代自行车的原型。——译者注

似乎对在城市里散步也挺满意的，路灯和交通灯成了树木的完美替代物。蒙迪喜欢出门办事带来的使命感，似乎是多亏了他，全副武装的劫匪和饥肠辘辘的狼群才不敢来攻击我们。

我们快走到银行时，门口出现了三个人影。保持高度警惕的蒙迪一下子向对方发出了咆哮声。这三个人来自"反抗灭绝"组织①的小分队，这个组织最近正在城里举行抗议活动。一个白人扎着长长的发绺，另外两个人看起来像是一对退休夫妇。哲学家喜欢这种场合，还好他今天不在。每个抗议者手里都举着一块牌子。其中一块牌子上写着："我们不能把钱吃掉"；另一块牌子上写着："拯救地球，不要谋利"；扎着长发绺的人手里的牌子上写着："这个体系正在破坏我们的生活"。蒙迪又汪汪地叫起来。我微笑着向对方道歉，看上去脾气不好的那个人对我们说："祝你们愉快。"

支票的事办完了，我们继续沿着汉普斯特德迷人的后街散步。这里曾经是艺术家和作家们的天地，如今的主人却变成了银行家和金融寡头，他们甚至能把一整套公寓全买下来。我随口抱怨了几句，说的话和那些"反抗灭绝"组织的口号没什么两样。

"我们厌恶放债的人，但我们确实需要他们。要是世界上一

---

① "反抗灭绝"组织于 2018 年在英国成立，其主要诉求是英国政府必须立刻制定具法律效力的政策，到 2025 年将全国碳排放量减少到净零，并组建一个公民大会用于监督目标的实现。——译者注

开始没有银行，我们肯定会发明银行。"

"呃，为什么？"

"我们需要信贷市场，正如我们需要不同类型的商品和服务市场一样。有些人想借别人的钱；有些人想存钱。需要找到将两者联系起来的经济活动。"

"我被弄糊涂了。听上去挺合理，可为什么银行家的名声还会这么臭？"

"拥有运转正常的金融体系是国家实现繁荣的必要条件。这个体系会将资金分配给最会使用资金的人。它还能帮人们规避风险，让他们在存钱时有保障，把一辈子的积蓄用在该用的地方。然而凡事过犹不及，2008 年的金融危机便是典型。"

"要是没有理解基本概念，后面的知识就不好懂了。我想先说明资本市场应当如何运转（在 20 世纪中叶的确运转正常），然后分析哪里出了大问题，最后讨论如何迅速致富。"

"哦，我喜欢最后一个问题。"

"先来讲第一个问题。金融市场的核心由三大部分组成：银行系统、股票市场和债券市场。无论人们把它们说得多么复杂，它们最终的目的是为了满足三大基本需求。"

"第一，企业需要筹集资金建造工厂和购买设备。企业家得贷款才能让企业运营下去。家庭得贷款买房买车和支付教育费用。没有信贷，现代经济将无法存活。"

"明白了。第一种需求是借钱买你原本买不起的东西。"

"第二，金融体系帮人们终身理财。大部分人打算将钱省到退休之时，因此他们得想办法把钱存起来。你可以把现金藏到床垫底下，可这样做不仅让你睡得不舒服，还会招致风险。"

"盗贼？他们敢！别忘了负责给你看门的可是一只凶猛的狗！"

"嗨，他们拿根香肠就能把你给收买了。真正的威胁不是来自盗贼，而是通货膨胀。通货膨胀会慢慢地贬低储蓄的价值，就像聚会上的一座冰雕一样——你看不见它正在融化，但它确实在慢慢地变小。可如果你将余钱用作投资，钱的价值不仅不会缩水，甚至可能会增加。世界上从来不缺打着主意的潜在借款人，他们愿意为能有幸借到钱支付利息。"

"也就是说，第二种需求是让你手里的钱产生价值，而不是让它的价值渐渐变少。第三种需求呢？"

"第三，金融市场帮我们管控风险。买保险是最显而易见的方式。可与此同时，金融市场使风险更易分散。打个比方，你有5000英镑用来投资。你可以购买某个公司的股份。可如果这家公司出了问题，你的钱就会打水漂。你最好把这5000英镑投到共同基金：共同基金汇集了大量不同资产，你只购买其中的一小部分股份。这样一来，你的投资风险被分散了。即使某家公司破产了，你也不必为此睡不着觉。幸运的话，你投资的 5000 英镑只有一小部分收不回来。"

"总结一下——金融体系的三大部分通过各自不同的方式满足以上三大基本需求：筹集资金、合理分配收入和管控风险。就这么简单。对了，还有第四个因素：投机。不过等咱们谈到金融危机时再来说这个。"

"说得挺有道理，不过你还得跟我解释银行要做哪些工作。而且说实话，我完全不懂股票市场和债券市场是什么……"

"咱们一个个地说。首先来讲股票市场。公司通过向不认识的投资者售卖股份——公司的股份通常被分成一个个小的部分——来筹集资金。我就持有脸书公司的部分股份。"

"被我逮住了，你这个有钱人！"

"准确地说，我持有脸书公司一股的股份。我持有脸书公司极小的一部分股份。股票工作原理如下。某人手头上有些现钱，再加上亲朋好友的资助，便产生了用这些钱投资创办公司的想法。比如杰夫·贝佐斯（Jeff Bezos）就在租来的车库里创办了亚马逊公司。他的父母借给他 25 万美元作为公司的启动资金。"

"如果公司能在艰难的初创阶段生存下来，创办者也许会做出筹集资金以拓展业务的决定。他们可以将公司'上市'，即把公司的股份卖给大众。股份可以在股票市场进行交易，因此像我这样的小人物也能购买脸书公司等大公司的股票。"

"嗯，明白了。"

"金融体系的另一个重要部分是债券市场。"

"我知道市场是什么，可债券又是什么？"

"债券是政府或大公司借款的一种方式。债券有点像欠条。比如你借给某家公司 100 英镑，对方给你一张纸条，上面写着我欠这张纸条的主人 100 英镑，将在（打个比方）10 年之后还清。在此期间，公司每年支付 10% 的利息。债券（欠条）的一个重要特点是，它是可转让的。"

"为什么这个特点很重要？"

"可转让的意思是你可以将债券卖给别人。他们向你支付的金额取决于利率和公司违约（如公司破产）的可能性。这样一来，债券成了可交易的商品。有交易就有市场。"

"股权市场（股票市场的别名）是公司出售内部股票以筹集资金的一种场所。债券市场是公司通过举债筹集资金的一种方式，这是一种借款行为，但借款的方式创造了可交易的商品，即债券。懂了吗？"

"我居然懂了。"

"咱们最后来说说银行。从根本上说，银行业是建立在谎言之上的。"

"啊？"

"我说的谎言并不是胡说八道的意思。咱们退一步想想，银行是做什么的？我之前说过，金融体系将存款人和放款人联系起来，银行等金融机构在其中扮演了关键的角色。银行有三大功能：第一，发现有利可图的放款机会；第二，将短期存款用作长期投资；第三，管控风险。"

"只是一些概念而已。"

"我知道我知道。我来具体解释。"

"首先，有人想把钱存在银行，银行得从中发现有利可图的放款机会。这有点儿像约会，银行就是一个约会中介。从理论上来讲，你不需要银行帮你做这些安排。如果想投资，可以试着找一个有商业头脑的人，直接把钱借给此人，但这显然不是一种有效率的做法。你可能既没有时间，也没有灵通的消息来找到那些值得投资且有商业头脑的人。但要是有一个能吸引很多人的专业机构来做这些事，那就容易得多了。不论这些人是想借款还是放款，银行都能帮他们牵线搭桥。"

"其次，银行能将短期债务转化成长期投资，专业的说法是期限转换。"

"我大概能明白其中的 3 个单词……"

"不好意思，蒙迪，我来解释一下。我的意思是，你得在有人想把钱借出去多长时间和有人想把钱借进来多长时间之间找到平衡。比如我想借钱买房，如果没有银行，我还得找到一个愿意把钱借给我 25 年甚至 30 年的人，这是个不情之请，而银行能充当中介。有了足够多想借款和放款的人，银行就能将大量的短期贷款变为长期投资。"

"有一点要说清楚：一旦把每个月的薪水存入银行，无论你有没有意识到，你都已经成了放款人。银行把你的存款借给别人。一般来说，银行有大量长期贷款（如按揭贷款），与大量不断更新的短期借款（如你的存款）相匹配。不过，这会给银行带来不稳定的风险。银行运营依靠的是信用，一旦信用出了问题，可能会出现银行挤兑。咱们一会儿再来讲这个。"

"再次，银行通过分散风险对其进行管控。回到刚才讲过的部分。我刚才举了一个我想买房的例子。如果在没有银行的情况下，你借钱给我，可能会因此承担相当大的风险。说不定我是个好吃懒做、一无是处的家伙，不会还钱给你。有了银行，就可以将钱借给不同的项目以分散风险。各种不同的投资确保你能收回银行的存款。①"

---

① 分摊风险大多数时候是有效的。2008 年金融危机期间，风险没有被分摊，而是相互联系。——译者注

"我大概明白了。可是你讲的银行挤兑是什么意思？"

"银行可能出现两大方面的问题，一种是偿付能力，另一种是流动性。"

"偿付能力危机是指银行资产值（银行控制的能带来经济利益的资源的价值）低于银行负债值（银行欠其他人的钱的价值）。"

"流动性危机是指银行资产值高于银行负债值，但又无法立即出售资产以满足负债需求。"

"我一直弄不明白的一点是，当你把钱，比如说每月的薪水，存进银行账户，这部分算银行的债务。银行欠你的钱，所以在你提出要求时会把钱还给你。可当银行贷款给别人时，这部分却算银行的资产。"

"那银行为什么会出现流动性问题？难道银行不会存够钱，在你需要用钱的时候还钱给你吗？"

"银行通过将你存的钱贷款给别人来赚钱。银行希望你不会马上把钱取出来。就整个社会而言，这是件好事——我们都希望银行把钱借给聪明的人。"

"问题在于，银行持有的资产通常是长期性的，很难兑现成现金，也就是说资产是非流动性的 ①。如果银行持有许多抵押贷

---

① 非流动指资产不易变现或不能马上变现。——译者注

款，它不可能命令借款人马上全额偿还贷款。"

"另一方面，银行的负债——客户的存款——通常是短期性的。我们可以随时走进一家银行要求把钱取出来。用行话说就是，银行借短贷长。一般情况下这是没有问题的。可是，存款人一旦出于某种原因失去了对银行的信任，要把钱取出来，就会出现银行挤兑现象。只要我们相信银行会还钱，就会把钱一直存在银行。一旦我们担心银行没有现钱了，就会在自动取款机前排起长队，把能取的钞票全取出来。"

"别激动。"

"不好意思。之所以说银行的运营基于信任就是这个原因。失去信任会变成一个危险的自我实现的预言。"

"你刚才说如果人们不再信任银行，一切就会乱了套。可我感到奇怪的是，你为什么　开始就信任银行。我可不会放心把自己的骨头交给别的什么狗……"

"问得好。信任是个长期存在的问题，因此为了提振信心，政府会对银行进行监管以降低银行承担的风险，至少从理论上来说是这样。政府通常还会提供存款保险。比如在英国，客户存款可享受高达 8.5 万英镑的保险。实际上，政府对银行的支持还不止如此。中央银行可以，也确实扮演的是最后贷款人的角色。换言之，一旦银行出现流动性问题，央行可以借款给银行。"

"北岩银行曾发生过类似的事件。2007 年，有传言称北岩银行寻求政府紧急支持。受到惊吓的客户在街头排起长队，要求提取存款。这是英国 150 年以来的第一起银行挤兑事件。然而，银行的偿付能力危机是更为严重的问题。"

"再跟我讲讲这是怎么回事。"

"偿付能力危机是指银行资产值低于银行负债值。要解除危机，不能简单地通过借款解决银行短期现金流动问题——央行要么让银行破产，要么帮它渡过难关。"

"我一再强调：银行业正常运行的前提是显性的（和隐性的）政府保障。银行是在交易所上市的私人公司。然而，当事态变得严重时，整个宏大的金融体系归根到底要依赖于中央政府的支持。"

"这不好吗？"

"这会导致一个大问题：银行家总是对冒险跃跃欲试。他们明白即使出了岔子，总有人会帮他们付账单。付账单的正是我们。横竖都是他们赢，我们输。2008 年金融危机正是这么发生的。"

"我的思绪来到了 2008 年。加布和罗茜还在汉普斯特德上小学。我每天送完他们再顺道去上班，奇怪的一幕引起了我的注意。街上突然出现了许多有钱的中年男人，他们穿的并不是上班时的衣服，而且看起来有些心神不安的样子。我后来才意识到，他们是经济崩溃后被迫下岗的金融家。这也解释了我们在经过汉普斯特德时看到的情形。不少房子上挂着的蓝色匾牌向我们讲述了它们的历史：D.H. 劳伦斯（D.H.Lawrence）、拉宾德拉纳特·泰戈尔（Rabindranath Tagore）、伊迪丝·西特韦尔（Edith Sitwell）和本·尼科尔森（Ben Nicholson）等艺术家和作家曾住在这里。而现在，只有富人才住得起这样的房子。我喋喋不休地向哲学家讲述各种不平等现象。我认为，创造财富对任何社会来说都是一件好事；我也坚信，住在这儿的银行家无论多么腰缠万贯，将来房子也不会挂上纪念他们的蓝色匾牌。一想到他们的衰败，即使像我这样推崇自由市场的人也禁不住感到一丝幸灾乐祸。"

"还继续逛汉普斯特德吗？"我问蒙迪。

"逛够了。"

于是我们朝家的方向走去。

第十三次散步（下）
实际上的金融市场

"蒙迪，咱们在回家的这条下坡路上了，正好来讲讲当整个金融体系走下坡路时会发生什么。只有当问题出现时，你才能了解到隐藏在表面之下的运作方式。"

"就像我们家的烤面包机？"

"没错。在讲到银行的工作时，我指的是你在商业街或电视广告上看到的那种银行，也叫商业银行或零售银行。还有一种没那么显眼、有些难以捉摸的银行，也叫投资银行。这种银行不和你我这样的人打交道，而是和特别有钱的人和投资机构打交道……"

"什么是投资机构？"

"投资机构是将诸如养老基金一类的个人退休储蓄金用作投资的机构。主权财富基金也属于这一类。比如挪威就有一种用作挪威人民福利的国有基金，资金来源于投资石油的收入。投资银行之所以得名，是因为它们通过发行股票或债券帮助公司从大的投资机构筹集奖金。投资银行不仅向客户出售股票和债券，还用自己的钱买卖股票和债券，以期获得利润，这就是自营买卖。从20世纪80年代起，社会上逐渐兴起了一种新的金融体系。投资银行和其他金融机构开始转型，由从事'无聊'的银行业转而参与证券化债务和金融衍生品等新金融产品的创造和交易。"

"我的头都要疼了——证券化债务、金融衍生品。真的有必要知道这些吗？"

"对不起，蒙迪，确实越说越难懂了。简单地说，由于政府监管减弱，产生了日益复杂的金融产品以及随之而来的投机狂潮，最终导致一些银行破产。不过要是你没听懂，不必介怀。2008 年金融危机最严重的时候，连华尔街的总裁们也弄不明白某些新奇的产品是什么——而他们自己就是买卖这些产品的人。"

"我试着跟你解释一下。在以前，有人从银行借钱去买东西（买房买车），就这么简单。你向银行借了钱，要在接下来的 25 年内慢慢将钱还清。也就是说，银行肯定希望你的信贷风险很低。可在这之后，银行开始转售抵押贷款并将其证券化。"

"转售听上去很好懂，可证券化是什么意思？"

"银行甲借钱给你做抵押贷款，你承诺在还款期限内每月偿还一定金额——比如说 25 年内每月还 1000 英镑。你答应在未来还给银行的钱便是银行甲的资产。银行甲可以把资产卖给银行乙。银行乙可能从其他银行那里买进大量抵押贷款，并把这些贷款和其他类似的抵押贷款集中起来。现在银行乙集中了大量抵押贷款，（比方说）每月进账 1000 万英镑。银行可以将这些抵押贷款的集合证券化。也就是说，银行乙可以将大额抵押贷款分成许多小份（比如 1000 份），每一份都可以单独拿来买卖。如果你持有其中的一小份，你便拥有了每月进账千分之一的权益，这就是抵押支持债券。"

"哦，明白了。"

"要是你真明白了，那么作为一只狗，你比 99% 的人类都要懂金融体系！证券化不一定是件坏事，它减少了人们在投资抵押贷款时承担的风险。如果某个借了抵押贷款的人不还钱，并没有什么要紧的，因为风险被分散了。"

"那么问题出在哪里？我感觉会出问题……"

"问题在于银行甲——银行甲只是众多银行的一个缩影——借给没有偿还能力的人大量贷款，这便是臭名昭著的次级抵押贷款。次贷危机发生的背景是，为了鼓励更多的人买房，美国政府放松房贷监管，使信用记录不良的人更容易从银行借到贷款。银行不断推出次级贷款，并给出极低的原始利率（比如前 3 年的利率仅为 5%）来吸引更多的人。"

"太好了！"

"3 年之后利率将涨到 17%，一直到贷款被还清。"

"真糟糕！"

"人们觉得 5% 的利率是可以接受的，即使出现最坏的情况，还不起更多的钱了，还可以把房子卖掉。只要房价一直在涨，一切都会按计划顺利进行。"

"我感觉会出大乱子了。"

"对。我刚刚向你解释了什么是抵押支持债券，这还只是麻烦的开始。之后，银行将抵押支持债券变成了债务抵押债券。买卖的小份贷款不尽相同，有的风险更大。不仅是抵押贷款，其他包括信用卡债务在内的消费者贷款同样如此。这样一来，市场上会出现各种各样复杂的债务交易。由于原来限制银行将贷款转卖给第三方的规定被取消，这一从美国开始的现象很快波及其他发达国家。"

"若债务抵押债券未按期偿还，放款人可获得保险赔付，这就是信用违约互换，它的出现使事态发展变得更为复杂。"

"保险难道不是个好主意吗？难道它不会使交易更安全吗？"

"从理论上来说是的。人们通常的想法是，通过分散风险使交易更安全。（更准确地说，是让发明并出售这些想法的人富到令人咋舌的地步。）即使没有实际购买你投保的资产，你仍然可以购买信用违约互换，这让信用违约互换深陷恶名。这样一来，打赌公司会破产的银行家开始购买信用违约互换。信用违约互换不受监管，也就是说，金融机构可以随心所欲地发行和出售合约（其实更像是赌注）。"

"到头来，在分散风险的外表下，这样做真正带来的是疯狂的投机。当危机出现时，事态的发展已经复杂到分不清谁欠谁的钱了。"

"你说过这些都是投资银行造成的。它对那些无聊的银行有影响吗——我在商业街上看到的那种银行？"

"有影响。不少位于商业街的银行之前购买了资产支持证券（和它们的高级衍生品）。而现在，它们持有的资产价值突然之间低于自己的心理预期。没有一家金融机构敢担保与自己打交道的对象财务状况良好。因为银行之间相互借出借入，偿还能力危机和流动性危机同时出现，可谓祸不单行。精心搭好的纸牌屋摇摇欲坠。政府不容许这样的情况发生，于是开始介入，并出台支持金融体系的措施。"

"可是那些创造了风险大到不可思议的复杂金融体系（并从中谋利）的银行家却能全身而退，个人财富并没有受到任何损失。据估计，2000 年至 2008 年间，贝尔斯登公司（Bear Steams Cos.，金融危机早期受冲击对象之一）收入排名前五的高管共拿走价值约 14 亿美元的现金和股票。俗话说得好：盈利私有化，损失社会化。"

"太可怕了，难怪那些人在银行门口举牌抗议。"

"你说得没错。没有金融体系的发展，资本主义，甚至是西

实际上的金融市场

方民主，不可能取得今天这样的进步。银行、投资银行、股票和债券市场，这一切的发展使得公司能筹集资金和共担风险，对社会来说是件好事。我们需要银行。不过现在回想起来，从 20 世纪 80 年代开始对金融体系的放松监管显然是个错误。20 世纪 90 年代，屹立不倒的超大银行诞生了。如果银行家们赌赢了，他们便拿走赌金；要是他们赌输了，政府会出面帮他们把欠款还清。"

"我现在明白为什么人们会感到愤怒了。"

"从很多方面来看，我认为人们还不够愤怒。蒙迪，你知道我是市场的支持者，我相信人们会对金融激励做出反应，努力和责任心应当受到鼓励。唯利是图的金融家们对风险的处置能力之差令人震惊。银行家们应该庆幸金融体系如此复杂，没人想花心思弄明白债务抵押债券和金融监管究竟是怎么一回事。我相信，人们一旦明白了其中的道理，一些'罪犯'会得到应有的惩罚。"

"我的头都疼起来了。咱们到家前能说点叫我高兴的东西吗？我记得你似乎讲过如何迅速致富的话？"

"对，确实讲过。其实我跟你耍了个小花招。我得想办法让你仔细听关于债务抵押债券和信用违约互换的内容。不瞒你说，并没有所谓的能让你迅速致富的神奇方法，就像没有所谓的能让你成功减肥的神奇计划一样。"

"你有的时候真是挺讨厌的。"

"这是经济学中最基本的'规律'之一。（蒙迪，我给规律加了引号，是因为我讲的是谈论可能性的经济规律，而不是牢不可破的物理规律。）几乎不可能通过投资迅速致富的原因很简单：划算买卖少之又少，真要有的话，早就有其他人扑上去一抢而光了。"

"可这是为什么呢？"

"比方说你正在看房子。那只漂亮的哈巴狗佩内洛普答应和你同住，你得找一个三居室的豪华狗屋才行。"

"接着往下说……"

"你的预算是 50 万英镑。附近最好的房子要价 55 万英镑，还有一些需要装修的房子要价 45 万英镑。你想要的这种房子的市场价格显然在 45 万英镑到 55 万英镑之间。突然有一天，你的那位名牌房地产经纪人打电话过来了：'亲爱的蒙迪，我这儿登记了一套不错的新房子，正是你想要的那种，面积和地段都合你的心意。房子现在半价出售，绝对的划算买卖。你下周就能以双倍的价钱将它卖出去。'你觉得怎么样，蒙迪？"

"我在想为什么卖家要亏本把房子卖出去？还有，要是房地产经纪人认为我可以一夜之间赚双倍的钱，她自己为什么不买？即使出于某种原因她买不了，为什么其他买家不去抢购呢——真这样的话，我想房价会被炒到市场价的。"

"刚才这些话真是你说的吗？"

"什么？"

"没什么。你说到点子上了。天下没有免费的午餐，股票市场也不会白白给你好处。在人人都想挣钱的市场中，资产价格反映的是人们掌握了哪些信息。经济学上有个说法叫有效市场假说。它告诉我们，没有什么（或几乎没有）显而易见的划算买卖。迅速致富是极其困难的。"

"要是你没法告诉我如何迅速致富，能告诉我如何慢慢致富吗？"

"这我倒是可以试试。答案没那么令人激动，不过有一整套基本规则值得借鉴。"

"规则一：存钱、投资、重复。这是米考伯先生（Mr. Micawber）[①] 讲述的一个老故事。年收入 20 英镑，年花费 19 英镑 19 先令 6 便士，结局幸福。年收入 20 英镑，年花费 20 英镑零 6 便士，结局悲惨。你得把钱存起来。第一步：别再借款了。借款买房没问题，支付继续教育费用也没问题。但是，千万不要在房贷或有回报的投资以外的部分背上信用卡债务。信用卡就是'个人理财之毒'。你要是觉得这话过分，不妨这么想：你向信用卡

---

① 米考伯先生是英国小说家查尔斯·狄更斯（Charles Dickens）的小说《大卫·科波菲尔》（*David Copperfield*）里的人物。——译者注

公司支付的每一分钱利息都是从你的未来'偷走'的。"

"规则二：尽早打算，长线投资。这便是复利的神奇效果。还记得咱们之前讲过的"70 规则"吗？它同样适用于个人理财。用 70 除以你投资的年利率，得到的数代表你的投资翻番大约需要多少年。蒙迪，给你出个测试题——已知你的投资利率是 7%，投资翻番需要多少年？"

"你答应过我不做数学题的。不过这道题的答案是，唔，10 年？70 除以 7 得 10，对吗？"

"对，蒙迪。回报率是 7% 的话，投资翻番大约需要 10 年。时间和复利就是这么神奇。我再给你举个例子。假如你是个 25 岁的年轻人，贝蒂（Betty）姑婆在遗嘱里留给你 20 万英镑。你今年 25 岁，可以拿这笔钱买辆车，或者去度个豪华的假期。不过聪明的你决定将这 20 万英镑放入投资账户。假设投资额每年增长 10%，即使你从今往后都不往账户里多存一分钱，到你 65 岁的时候，账户里的钱也会超过 100 万英镑。当然，年利率 10% 是很高的回报率，而且几十年之后的 100 万英镑没有现在这么值钱——通货膨胀会削弱购买力①。不过再怎么说，这都是一笔不小的收入。"

---

① 这里没有将支付的投资手续费考虑进来。——译者注

"说不定我能拿着这些钱买一两根骨头。规则三？"

"规则三：你需要冒点儿险。"

"嗯……你不是说过金融体系的关键在于——如果运行正常的话——减少风险吗？"

"是的，听得很认真，你真棒。我来解释一下。风险更大的资产肯定会带来更高的预期回报，否则没有哪个头脑正常的人会去投资。如果你在酒吧遇见的一个人和英国政府同时向你借100英镑，而且都承诺付给你相同的利息，你会选择把钱借给谁？"

"应该不会借给在酒吧遇见的那个家伙。"

"我来换一种说法。如果你不想自己的资产承受风险，就得接受较低的回报。把钱借给政府（你购买政府债券就是这个意思）是最安全的投资方式之一。"

"太酷了。"

"但回报率没那么高。"

"没那么酷了。"

"政府发行的债券回报率很可能小于你在股票上的（平均）投资。把你所有的钱存入现金储蓄账户则风险更低。不过，通货膨胀正在慢慢削减货币的价值。记住，它就像聚会上的那座冰雕——你看不见它正在融化，但它确实在慢慢地融化。"

"再举一例。你的床底下藏着1000英镑。现在的通货膨胀率为 5%。以 10 年之后的购买力计算，1000 英镑只相当于 570 英镑。你'安全'的投资因为通货膨胀的缘故，价值几乎缩小了一半。从历史上看，5% 的通货膨胀率甚至不算严重的。20 世纪 70 年代，英国的年通货膨胀率高达 24%。"

"天哪！"

"还有更严重的。1923 年 11 月，魏玛共和国①（Weimar Republic）的通货膨胀率达到 29——"

"29%？好大的数字。"

"不，29525%。"

"啊！"

"这还不算最严重的。第二次世界大战后匈牙利的通货膨胀率达到 4.19×10^{17}%。"

"我相信你的话，这一定是个很大的数字。"

"是的。不过我们无须过分紧张。虽然通货膨胀会减少储蓄的价值，但它不太可能再达到魏玛共和国或第二次世界大战后匈牙利的水平。购买股票比银行存款风险更大。股票价格有升有降，有时幅度相当大。不过从长期来看，股票价格一直在稳步上涨。"

"明白了，存现金得冒点风险。下一条规则……"

---

① 指 1918 年至 1935 年期间采用共和宪政政治体制的德国。——编者注

"第四条规则：分散。每当你想将大量的钱投进同一只股票时，在心里默念：安然公司，安然公司，安然公司。"

"谁？"

"安然公司曾是美国第七大公司，华尔街的宠儿，连续 6 年被《财富》杂志评为美国最具创新力的大公司之一。2000 年是安然公司发展的鼎盛期，每股股票价值约为 90 美元。2001 年，安然公司突然宣布破产。金融'创新'（实为'诈骗'）掩盖了其沉重的债务。如果你把所有的钱都投进了安然公司，那你一辈子的积蓄就没了。"

"因此，最好将手头上的钱分散在不同的地方。不管你多么看好投资前景，永远不要将全部积蓄投进同一家公司或同一种资产。这个告诫很重要：一定要将资产真正地分散出去。打个比方，你将所有的钱投进了各种互联网股票。这些股票属于不同的公司，公司卖的是不同的产品，有不同的管理团队。可你并没有真正分散资产，因为它们全是投资于互联网方面的公司。"

"如果你想投资股票（你还应该投资不同类型的资产），我的建议是投资某个基金（就像装着不同股票的篮子），再选择手续费较低的那只股票。"

"蒙迪，不要忘了，操作简单并不意味着容易到手。咱们来总结一下，4 个规则分别是？"

"嗯……花的要比挣的少。眼光放长远。冒点儿险。分散。还有一个是关于没有划算买卖的——有效什么假说来着。"

"非常好。下次要是有人突然给你打电话，劝你投资他们新研发的狗饼干，向你保证高到不可思议的回报率（比如 10%），那么以下 3 种情况中一定有一种是真的：（1）这个好心慷慨的人偶尔发现了秘密的发财机会。他没有把发财的机会留给自己，而是把这个难得的机会和你分享。（2）这是一种高风险的投资，你也许会血本无归。（3）这个人要么无能，要么是个骗子。通常来讲，第三种情况是真的。"

"也许是第一种情况？"

"不可能是第一种情况。好了，蒙迪，咱们快到家了。我把今天的内容跟你总结一下好吗？"

"你总结得比我好。"

"现代经济离不开信用体系。银行是将想把钱存起来的人和想借钱投资的人联系起来的中介。金融危机发生之前，大型金融机构运营的主要目的是为管理它们的人谋利。在很大程度上，它们现在仍然是这样。正因为如此，金融市场才需要接受严格监管。"

第十四次散步

货币

本次散步的话题：货币究竟是什么，它如何发展成今天的形式。金本位、通货膨胀、量化宽松政策和比特币。

对蒙迪来说，没有什么比有人上门送信的声音更让他激动的了。先是突然传来清脆的咔嗒声，然后是轻轻啪的一声。也许这种声音唤醒了来自远古的某种本能，可能是凶猛的捕食者一口咬住猎物的声音，也可能是弱小到连咱家这么瘦小的蒙迪都能当作猎物的动物可怜无助的挣扎声。话说回来，蒙迪飞快地跑到正门，汪汪的叫声把邮递员吓得直往后退。蒙迪冲着信叫唤了一阵，用爪子在信上面挠了挠（对了，他的指甲早该剪了），然后使出了势在必得的劲头。嗨！他的牙齿最近没撕咬过什么东西，所以他只是把信含在口里。信被弄得黏糊糊的，还带着他的气味。

今天早上蒙迪弄回家的信跟平时的没什么两样。有一本来自博登公司（Boden）的产品目录。还有一本某个政党的宣传册，上面有张笑得不自然的男人的照片，这封信应该是送给隔壁邻居的。最后一封信里装的是我的银行结单。我准备把信打开，想了想，还是把它扔在了门厅的桌子上。

"散步去？"

蒙迪已经把牵狗的皮带拿过来了。我对他屈指可数的花招有时挺不客气的。找到自己的皮带难道也算花招的一种吗？也许吧。不过他有时会突然把皮带当成一条蛇，接着进入进攻状态，将那根皮带摇个不停，直到完全将它征服才肯罢休。

"去哪儿？"

"咱们去那家咖啡馆吧。今天我准备买份贵得离谱的咖啡，再买份羊角面包。"

"咳咳。"

"什么？"

"哦，罗茜常这么说。"

"意思是？"

"不知道，我是一只狗，又不是一个十几岁的女孩子。咱们走吧。"

"要不今天咱们讲讲相对直白的内容好了。咱们已经讨论了GDP、不平等、生产效率、市场、征税、花费和银行家。所有这些或多或少跟钱有关。许多人认为钱并不是生命中最重要的部分——还有爱、友谊、家庭——"

"和狗？"

"正准备说这个来着。不过很少有人会认为钱不重要，我们都能理解这是为什么。而另一方面，无处不在的钱已经融入我们生活的方方面面，我们甚至不会刻意地想起它。我指的钱是一种货币概念，而不是我用来买咖啡的钱。咱们今天的任务是：理解货币的含义。"

"好的。它是什么？请给我简短易懂的答案。"

"经济学不存在简短易懂的答案。要理解货币，可以先从它的作用入手。经济学教材中指出了货币的三大作用：交换媒介、价值手段和计价单位。有一点要弄清楚的是，货币不是真正的财富。真正的财富是一个国家生产出来的东西：土地、食物、住所、衣服。货币只是代表经济价值的公认的共同单位。"

"货币的起源大致是这样的：人类最开始没有货币，只有以物易物。你有一条鱼，我有几根胡萝卜，我们相互交换。好像行得通。在人类历史的大部分时期，这确实是城里的人们交换的唯一方式。可是，以物易物并不是一种十分有效的交易方式，用专业的说法来讲：你需要的是'双向一致性'。你想要的正好是我有的，我想要的正好是你有的，否则无法交易，这就给人们的生活造成了诸多不便。这时有人想出了一个主意：为什么我们不能找到一种双方都能接受的物品（可以是任何东西）作为交换媒介？海狸皮、盐、奶牛、纸烟，这些都能被当作某种货币来使用，它们有一个共同的名字叫商品货币。"

"啊？"

"商品货币是指本身具有实际价值的交换单位。海狸皮和盐的使用价值很高。"

"香烟呢？"

"长期以来，香烟是监狱里通用的货币单位，它小巧轻便、容易隐藏、价值明显，可以用来交换想要的东西。2004年前后，美国监狱禁止吸烟，鲭鱼罐头成了新的硬通货。理一次发要花费两罐鲭鱼罐头。和香烟一样，鲭鱼罐头也是一种商品货币，因为它们最终会被消费，体现出原有价值。从理论上来说，你可以把香喷喷的骨头当成货币……"

"可不是嘛……"

"最终取代了其他商品货币的是贵重的金属，尤其是黄金。金属之所以仍被当成商品货币，是因为其使用价值——它们可以锻造成工具、武器或装饰品。金属述有其他优点：可塑性强、方便携带，而且（最关键的一点）其供应量相对固定。开采金矿并不难，但要冶炼金子得花大量时间和精力。如果货币的供应是固定的，那么约定价格就会容易得多。"

"代表金币的纸币的发展是货币的下一个发展阶段。"

"人们到底为什么要用纸币？"

"像黄金这样的金属很重。对许多商人来说，长途旅行时还得搬着一大袋沉重的金币，不免会感到不方便。北宋时期，中国成为世界上第一个诞生纸币的国家。13 世纪，马可·波罗在游历中国期间写下见闻录，其中有一章的标题点明题意：大汗用树皮所造之纸币通行全国。有不少国家开始对中国虎视眈眈，中国的皇帝不希望贵重的金币和银币流失，便下令叫百姓使用价值较低的铁钱。铁钱的使用很不方便，交换同样价值的商品需要的铁钱比金币多得多。要买一匹马，得用上满满一手推车的铁钱。"

"你知道手推车是中国人发明的吗？"

"什么？不知道。这是真的吗？你怎么会……不提这个了。蜀地的商人提出了使用欠条的想法。你再也不用费力地推着一车的铁钱去卖马的人那儿交易，只需写一张纸条，承诺在方便的时候支付对方一定数量的铁钱即可。"

"他们相信了？这些中国的马商未免太容易相信别人了。"

"问得好，蒙迪。这种交易的确依赖于双方的相互信任。如果你清楚给欠条的人住在哪里，家境和人品如何，当然是最好不过了。商人们开始使用这种欠条相互交易，而不只限于与最初发欠条的人交易。马商用欠条'买'一辆新马车，马商又用它买一条丝巾。在人人都信任发欠条的人作保的情况下，这些欠条逐渐变成一种私人货币。"

"关于最初发欠条的人需要说明一点。如果他的欠条总在不同的人之间交换（没人找他将欠条换成钱币），那他实际上是在发放免息贷款。"

"注意到了这一现象的朝廷也想要参与进来，于是开始宣布私人货币非法，并印制了官方的纸币，史称交子。一开始，交子的使用在民间得到大力推广，这恰恰表明了货币发展的另一个阶段：法定货币的发明。"

"什么是法定货币？"

"法定货币是指不能被兑换成任何商品（比如黄金）的货币。中国商人最初发明的欠条可用来交换一定数量的黄金。朝廷接手后，一开始还允许人们将手中的交子换成黄金。不过，朝廷很快便不再允许这种做法。从那时起，只有朝廷才能规定纸币的价值，于是便产生了法定货币——'法定'在拉丁语中的意思是'谕令、使完成'。但是，当权者有了印制更多交子的权力，这样就不必担心金币或银币是否储备充足。他们最终没有抵制住诱惑。不论何种货币，印制过多一定会导致通货膨胀。交子最终被弃用。"

"这正是我们今天看到的现象：黄金储备量少于货币发行量。这种现象有利有弊，咱们在讲金本位时再来做具体分析。"

"到这段时期为止，市面上流通的货币主要指黄金。在欧洲和中东地区，黄金作为一种货币被使用，但几乎只用于高价值的商品或国际贸易。然而从罗马时代一直到 18 世纪，大部分经济体将银币定为标准货币单位。购买食物、衣服、蜡烛等都要用到银币。一枚银币中包含的白银重量是固定的。随着银币的不断贬值，白银在 17 世纪和 18 世纪期间渐渐失去了吸引力。"

"贬值？怎么会呢？"

"人们会用剪或刮等方式将银币中有价值的白银提取出来。相比之下，黄金被认为是更可靠的货币。另外，由于 18 世纪末到 19 世纪初的连年战乱，再加上欧洲国家用白银购买来自中国的商品，白银出现短缺。这种贸易不可能是互惠的：西方国家几乎没有中国人需要的商品，中国的丝绸和瓷器则在西方受到热捧。直到 1821 年，英国才正式采用金本位制，黄金可与纸币自由兑换。由于英国当时是世界领先的工业和商业强国，其他国家纷纷加入金本位制。"

"从你刚才跟我说的来看，转向金本位制不是没有道理的。如果一种货币不能兑换成像黄金那样的实物，人们为什么还要相信它？"

"这确实成了人们普遍的想法。如果人们不相信金本位制，很难让他们接受纸币。你可以拿着钞票去英格兰银行兑换规定数量的黄金——这正是印在英镑钞票上的那行'凭票即付'的含义。（现在英格兰银行只接受兑换其他纸币和硬币。你要是来兑换黄金，可就不走运了。）金本位制的主要好处在于，每个单位的货币相当于若干数量的黄金，因此货币的价值相对稳定。没有这样的硬性规定，政府几乎不可能抵制住大量印钞的诱惑。印钞过多会引起通货膨胀。咱们在上次散步时讲过，通货膨胀会带来极为破坏性的影响。"

"你确实说过。我有一个问题：如果通货膨胀这么有害，为什么人们没有坚持金本位制？"

"真正重创了金本位制的是经济大萧条。咱们在之前的几次散步中提到过，大萧条成了许多经济学理论论战的战场。不过大多数经济学家认为，1929 年的一次股票市场崩溃之所以演变成了历史上最大的金融危机，坚持金本位制的做法难辞其咎。"

"1931 年，整个世界看起来正处于无序状态。许多人用借来的钱投资股票，股票价格崩溃后他们无力偿还贷款。人们害怕（不无道理）银行资金储备不足，于是来到银行要求提取存款。没有什么比银行挤兑带来的恐慌传播得更快。在经济发展高峰期和低谷期之间的这段时期，美国 GDP 下跌了 30%，失业率飙升。"

"混乱局面很快传到了其他国家。英国有着当时世界上最重要的央行，可连它储备的黄金也快没有了。在实行金本位制的国家，阻止人们将手中的钱兑换成黄金的唯一办法是提高利率。"

"接下来呢？"

"如果你将银行存款兑换成几条藏在床底下的黄金，那你不会获得任何利息。提高利率使将钱存在银行的做法更有吸引力。"

"明白了。"

"因此，急着保住黄金储备的央行提高了利率。"

"这么做是……明智的？"

"不！危机期间需要做的恰恰相反。经济不景气时，应该降低利率，为企业贷款提供便利。企业维持下去了，人们才能保住工作。"

"啊。"

"经济大萧条最终迫使许多国家放弃了金本位制。你会发现，这些国家放弃金本位制的时间和开始复苏的时间高度吻合。不过，正如人们预测的那样，它导致了……"

"我来猜猜：通货膨胀？"

"真聪明。没有了金本位制的强制性原则，许多国家的政府开始疯狂印制钞票。当市场上过多的货币追逐过少的商品时，通货膨胀便不可避免地发生了。过去的 30 年间，英国和世界上许多国家一样，经历了史上最低的通货膨胀，物价每年增长 1% 到 3%。可这样的低通胀率在历史上并非常态。从第二次世界大战结束到 20 世纪 70 年代的几十年间，通货膨胀是人们日常生活的重要部分。我们说的不是在魏玛共和国或匈牙利出现的那种超级通货膨胀，而是年复一年，你口袋里的每一块钱能买到的东西越来越少。通货膨胀就像是一个沉默的小偷。"

"通货膨胀确实挺可怕的，不过以我对你的了解，估计你要开始讲它的另一面了……"

"哈，没错。通货膨胀的确让赢家和输家产生。"

"我就知道！"

"用专业的话说，通货膨胀具有分配效应。打个比方，我想向你借 1000 英镑，并答应第二年还给你本金再加上 10% 的利息（这样你明年就能得到 1100 英镑了）。你会同意吗？"

"嗯，首先，我是一只狗，只对骨头感兴趣。其次，我知道这是一个陷阱……"

"配合一点。假如你同意了，通货膨胀率是 2%，你得到的利息实际为 8%。这么来看的话，确实是笔不错的交易。可要是某个不负责任的政府听任于通胀率暴涨到 100%，我承诺还给你的那 1100 英镑的价值在一年之后就会远低于你的预期——大概是预期的一半左右。总的来说，意料之外的通货膨胀对债务人是好事，对放债人却是坏事。"

"这就是赢家和输家！"

"没错。问题在于通货膨胀重新分配财富的方式相当随机，可能将小储户彻底击垮。比如有这么一位寡妇，她一辈子省吃俭用，把钱存起来，就怕自己退休时缺钱花。像她这样不大有钱的人通常选择存现金，因为他们认为这样风险更低。通货膨胀对他们的影响最大。有钱的投资者更倾向于将现金变成诸如房地产或股票之类更保值的资产。通货膨胀说不定会让他们发一笔意外之财，比如他们看准机会下手买了一套带大额抵押贷款的大房子。"

"另一个严重的问题是，一旦人人期待通货膨胀，可能造成危险局面的螺旋式发展，要摆脱这种局面相当困难。20 世纪 70 年代，美国政府通过减少需求打破通货膨胀循环，做法奏效了，却付出了惨重的代价，引发了经济衰退。在政府控制物价的努力背后游荡的是可怕的超级通货膨胀。"

"多跟我讲讲超级通货膨胀——我喜欢带劲的恐怖故事。"

"咱们在上次散步时提到了关于超级通货膨胀最有名的例子：1922 年至 1923 年的魏玛共和国。魏玛共和国通过大量举债支付战争费用，原以为等自己赢得战争，便可以通过没收战败国的财产轻而易举地偿还债务。可到头来，魏玛共和国自己却成了战败国，协约国向魏玛共和国提出巨额赔偿要求。饱受战争摧残的魏玛共和国为了偿还债务，不得不选择印制钞票。纸币突然大量涌入市场，物价涨幅失去控制。一条面包在 1923 年 1 月的价格是 250 马克，到了同年的 11 月就涨到了 2000 亿马克。老人受到的打击最重。一位妇人卖掉自己的房子，本打算靠换来的钱过日子，没想到这些钱连一条面包都买不起了。有人却发了财。那些走运的人在最佳时机借钱购买了固定资产，现在他们可以用几乎一文不值的钱还清贷款了。"

"嗯，我希望政府能吸取教训……"

"不会的。一个相似的例子发生在委内瑞拉。2018 年，你得提着一袋重约 14.6 千克的现金买一只鸡。一卷卫生纸的价格是 260 万玻利瓦尔①，所有的现金加起来重达 2.6 千克。"

"这不是我的专长，不过我好奇的是，他们为什么不直接用纸钞？"

"说不定他们用的就是纸钞。有趣的是，弗洛伊德指出过金钱和排泄物之间的深层次联系——它不仅存在于人们的心理，还存在于更广泛的文化中。黄金曾被称为魔鬼的粪便。"

"呃，说点别的吧。为什么政府总犯同样的错误？"

"政府的支出通常出于重要原因，比如将国家从经济大萧条的状态中摆脱出来。政府的钱从哪里来？毕竟只有寓言故事里才会出现神奇的摇钱树。政府有 3 种选择：借钱、征税和印钱。印钱似乎是相对简单的选择。不少国家将自己的央行独立于政府，这样一来，政府无法迫使央行印制太多钞票。1997 年，英格兰银行脱离政府获得独立，它的主要职责之一是将通胀率维持在 2%

---

① 委内瑞拉使用的一种货币单位。——译者注

的水平。如果通胀率的上下浮动超过目标的 1%，央行行长必须致信财政大臣解释原因及银行采取的措施。"

"我有个想法：如果通货膨胀这么不好，为什么不把目标定在零通胀率？"

"这是个很棒的问题，蒙迪，我也感到很困惑。2% 听起来是个挺小的数，小到你可能都注意不到每年物价有多大变化。可实际上，物价每约 35 年会翻一番。说得具体点，如果你 60 岁退休时存了一笔现金，到你 95 岁时，这些钱的价值将减少一半。"

"回到政府为什么将目标定在 2% 的话题。一个原因是政府想避免通货紧缩（平均物价水平下跌），另一个原因是低水平的通货膨胀是有好处的——即使有些好处并非显而易见。咱们从通货紧缩的问题开始说起。"

"问题？可通货紧缩听上去太棒了！为什么物价下跌会有问题？我真弄不懂经济学的这一套……"

"我第一次听说通货紧缩时和你想的完全一样。我来解释一下。咱们已经讨论过通货膨胀了，通货紧缩则会产生一系列不同的经济和心理问题。"

"心理？咱们不是在说经济学吗？"

"即使我们不遵循弗洛伊德的理论，也很难将心理因素从货币的讨论中剥离出来。最近一次通货紧缩发生在日本。一开始是金融危机的出现，很多人没了工作，于是不再购买东西。通货紧缩悄无声息地到来了，物价一点点地下跌。年复一年，人们开始产生对价格走势的预期（这是心理层面）。如果消费者认为物价有下跌的趋势，他们不会急着把东西买回来。不仅是消费者，企业同样预计物价会跌破某个值。要是企业偿还贷款的实际价值超过了当初贷款时的价值，谁还愿意贷款投资呢？投资不足和物价走低会导致工资下跌——对刚买了房子的人来说更惨。正如打破通货膨胀的循环很难一样，打破价格一直走低的心理预期同样很难。"

"因此，政府真正希望的是物价平稳、收入增加。这样人人都满意了，才会给他们所在的政党投票。"

"你刚才说政府定下 2% 而非零通胀率的目标背后还有不为人知的原因。"

"很多人不知道的是，允许小幅度的通货膨胀实际上带来了税收。通货膨胀不仅间接减少了货币价值，政府还能以一种不易察觉的方式轻易增加财政收入。许多税种是累进式的，所得税便是其中一种。人们赚得越多，支付的税率越高。如果政府将税收起征点保持在同一水平，那么随着工资的涨幅与通货膨胀水平持平，每年将有越来越多的人进入高税率人群队伍。不过要记住，在这种情况下，你的工资实际并没有增加——你只是缴纳了更多税款。正如凯恩斯所说:'在持续的通货膨胀过程中,政府可以秘密地、不为人知地没收公民财富中相当大的一部分。'米尔顿·弗里德曼也说过:'通货膨胀是没有立法的税收。'"

"你说得没错,确实不为人知。"

"政府不愿意明说,因此央行常会借用经济存在某种'刚性'的说法。小幅度的通货膨胀能刺激经济。"

"又把我给说糊涂了。刚性是什么意思?"

"又有一个不为人知的术语悄悄出现了。在发生通货膨胀时,公司给工人减工资更容易了。假设通货膨胀率为4%,你的工资增长了2%,工资实际上减少了2%。不必情绪激动,你只能无奈地接受。但是,假如没有发生通货膨胀,而你的老板宣布,公司将减去你2%的工资,你此时想的说不定是撂下工作去街头抗议。这就是我说的心理在经济中的重要性。咱们下次散步时再重点讲失业问题。你现在要记住的是,给公司一点回旋余地能减少失业率,因为公司的另一种选择是裁员。"

"最后必须强调的是,通货膨胀对欠钱的人是利好消息,对政府来说同样如此。由于两次世界大战,20世纪50年代的英国公共债务缠身,占到GDP的约200%。托马斯·皮凯蒂指出,只有20世纪50年代的通货膨胀(每年超过4%)和20世纪70年代的通货膨胀(每年约15%)才使英国在20世纪80年代的公共债务降到 GDP 的 40% 以下。现在，英国国债又在增加——截至 2021 年 8 月占到 GDP 的 106%。为了解决债务问题，要是政府让通货膨胀率再次提高，我一点儿也不会感到吃惊。"

我们一直待在咖啡馆里那个安静熟悉的角落。我的咖啡喝完了，我把吃羊角面包剩下的面包屑扫到地上，让蒙迪清理干净。

第十五次散步（上）
财政政策

本次散步的话题：经济萧条及其原因。政府如何改善经济？我们是否能通过消费摆脱衰退（使用财政政策），还是货币政策更有效？量化宽松呢？还是更激进的现代货币理论？这些究竟是不是重启经济的明智之举，还是我们会像津巴布韦一样，将纸币当作燃料？

大雨从阴沉的天空中落下来。加布正闷闷不乐（据我们的观察，和他的女朋友有关）。罗茜正闷闷不乐（也许和二次方程或正弦曲线有关）。哲学家正闷闷不乐（他补过牙的地方出现了裂缝）。三四次摔门事件后，蒙迪用可怜兮兮的眼神看着我。

"好吧，咱们离开这儿。不如去趟美容店，这样你下次在路上碰见那只哈巴狗的时候看起来会精神点？"

"做什么都比现在这样好。每个人情绪都太低落了。"

我穿上雨衣，给蒙迪也穿了一件，又带上那把可以同时给我俩遮雨的大伞出门了。蒙迪平生第一次一路紧跟着我，当然只是为了躲在那把伞底下。

"你要知道，不是只有人会陷入低迷。"我说。

"我还以为这次出门是为了逗我开心……经济大萧条你还嫌

讲得不够吗？"

"哦，我原本打算谈谈当经济出现问题时，政府和央行能做些什么。咱们来看看政府如何使用财政政策和货币政策帮助经济走出衰退。"

"财政政策、货币政策，又来新词了。"

"我明白，财政政策和货币政策听上去有点儿无聊，但我向你保证，它们相当重要。经济学和政治学在这里有了交集。经济学家得放下身段，与现实世界打交道。"

"好的，我会认真听的。在你讲财政政策和货币政策之前，能不能先解释一下什么是经济衰退？"

"大致来说，经济衰退指经济出现下滑。对经济衰退并没有一个普遍接受的定义，不过我们一般认为，连续出现两个季度GDP下滑便可称为经济衰退。"

"那经济萧条是……非常严重的经济衰退？"

"差不多吧。有个老笑话是这么说的：你的邻居丢了工作是经济放缓，你丢了工作是经济衰退，要是经济学家丢了工作，就成了经济萧条！在某些方面，经济衰退很难预测，却遵循着一种规律：自从1929年以来，经济衰退差不多每6年出现一次，持续时间约为1年。这种GDP的扩张和收缩（我们把它叫作经济周期）是以人为代价的。人们希望政府应对经济衰退，希望经济学家指导政府的具体做法。"

"嗯，经济衰退是由什么导致的？"

"一般来说，经济衰退是由对经济的冲击导致的，比如燃料价格的急剧增长（1973 年的石油价格冲击），股票市场崩盘（1937 年、2007 年）或房地产泡沫破裂。在发展中国家，冲击可能来自人们赖以生存的大宗商品价格的突然下跌。不论出于何种原因，带来的都是困难。经济衰退最危险的地方之一在于其传播性。一场小小的经济衰退能迅速演变成大范围的经济衰退。"

"为什么会这样？"

"不妨把它想象成一种连锁反应。出于各种各样的原因，人们对经济产生了恐慌。他们开始把钱存起来而不是直接花掉。工厂减少生产，商店减少员工，失业率上涨。于是人们对未来产生了更深的恐惧感。这就像自我实现的预言：如果我们全都相信经济表现会越来越糟，想法通常会变成现实。"

"咱们首先来分析政府储备了哪些政策工具。这就不得不提到财政政策和货币政策。"

"呃，两个工具。谁会需要只有两个工具的工具箱？"

"嗨，自作聪明的家伙。其实是两个多重工具的组合。第一组工具是财政政策，考虑的是政府征了多少税，支出了多少。第二组工具是货币政策，主要研究如何调节市场上流通的货币量——如降低利率。两组工具的目标一致：鼓励消费者和公司开始消费和投资。你一旦弄明白了这个道理，就会理解报纸上那些耸人听闻的经济类文章是怎么回事了。"

"咱们先来说财政政策。它的核心理念是，政府可以通过税收和消费政策影响需求量。当经济不景气时，政府可能采取宽松性财政政策：增加政府支出或减少税收以刺激经济增长。紧缩性财政政策恰恰相反：减少政府支出或增加税收以遏制经济增长，是不是没想到。"

"应对经济情况为什么要出台两种完全相反的政策？"

"和经济周期有关。我刚才提到，经济会出现周期性衰退和繁荣，因此需要一种逆周期财政政策使经济保持平稳运行。在经济不景气的时候，政府应当增加公共支出或减少税收，借款消费。如果消费者消费和投资意愿不强，政府应当替他们消费和投资，以期启动经济向好态势，或至少阻止经济发展进一步恶化。在经济繁荣期，政府应当出台相反的措施——减少公共支出或增加税收。"

"我能明白政府为什么要帮助经济走出衰退，可政府放缓经济发展的目的究竟是什么？"

"因为艰难的通货紧缩期过后的经济繁荣难以为继，一个负责任的政府需要减少这种风险。说到底是个平衡问题。当经济变冷，要给'锅炉'加燃料；当经济过热，暂时别急着加燃料。"

"政府可以，也应该使用财政政策修复经济中出现的问题，这一观点与凯恩斯的想法不谋而合，它的出现源自——"

"我来猜猜，经济大萧条？"

"自作聪明。凯恩斯认为，经济不景气的时候，政府投资能刺激经济，也就是我们所说的乘法效应。"

"什么是乘法效应？"

"人们一旦对经济失去信心，经济会陷入恶性循环，而乘法效应恰恰相反。在经济衰退背景下，人们对经济前景产生担忧，选择把钱存起来而不是急着消费，这就产生了闲置的能力：失业的人想要工作，工厂运转低于负荷。假如政府贷款修建公路和医院，就能打破经济的恶性循环。找到工作的人用工资购买新鞋子，去餐馆用餐，甚至买了辆新车。人们花掉的钱进了别人的口袋，GDP 增加了，经济又回到了正轨。用更专业的话说，乘法效应是指政府支出的变化导致了 GDP 的变化，概括起来就是凯恩斯经济学。"

"乘法效应影响有多大？"

"人们对此争论不休。在复杂的经济社会中，几乎无法证明会产生何种确切的乘法效应。不过有一种共识是，当经济增长低于趋势并接近于零（即经济几乎达到潜力值）时，乘法效应更明显。还有一种共识是，此时应当采取逆周期财政政策——人们应当在经济繁荣的时候谨慎消费，但当危机出现时，他们也得放开胆子消费。如果说有哪一种经济政策得到了广泛的共识，答案很可能就是这个。"

"明白，你说的是'宽松'政策。哪种更有效，减税还是鼓励消费？"

"从理论上来说，两种都有效。究竟偏向哪种其实还是跟政治有关。右派人士更喜欢减税，左派人士更喜欢鼓励消费。客观地讲，消费比减税更容易刺激经济增长。减税后，人们更喜欢把钱存起来。由于富人缴税更多，他们存的钱也更多，而刺激经济增长的重点在于鼓励消费。"

"新冠疫情期间，大多数国家采取了大幅扩大财政支出规模的方式。英国公共债务因此增加，且涨幅巨大。2020 年至 2021 年，英国公共债务占 GDP 的比重为 106%，比 20 世纪 70 年代增加了约一倍。在常规萧条期间，即使政治家们试图减缓经济冲击，公司仍然可以申请破产和裁员，但这次不一样。英国政府给暂时下岗的员工支付高达 80% 的工资，为公司提供拨款和优惠贷款，以防止企业破产。政府还采用扩张性货币政策（降息等更为激进的措施，咱们之后再谈）。"

"这些凯恩斯式的套话，税收啊，消费啊，具体的数字有多大？"

"如果你想听具体的数字，据估计，2021 年至 2022 年，将产生约 8190 亿英镑财政税收，即每个家庭约缴税 28 万英镑。富裕的家庭显然缴的税更多，贫穷的家庭缴的税则少得多。总消费约为 10 530 亿英镑，算下来大约每个家庭消费 36 万英镑。"

"我知道自己没有边境牧羊犬那么聪明，不过还是能发现数字之间的差距。"

"你说得没错，蒙迪。目前政府的支出远高于产生的税收，仅暂时下岗计划一项的花费估计就超过了 1000 亿英镑。不过大多数经济学家认为这样做是正确的。据估计，2021 年至 2022 年的政府赤字（一年之内收入与支出之间的差额）约为 2340 亿英镑。这是自第二次世界大战以来第二高的数字（仅次于 2020 年至 2021 年的政府赤字）。政府赤字有望在未来 5 年内开始回落，达到约 730 亿英镑。不过要记住，赤字和债务是不同的。"

"啊？能不能跟我解释解释？"

"英国的国家债务是指它在历史上的总债务额。每年的赤字会累加在债务额里。打个比方，咱们家总债务额为 20 万英镑（加上房子抵押贷款、信用卡账单和其他所有债务）。今年我们的消费比收入多 5000 英镑。咱们家今年的债务是 20 万英镑，今年的赤字是 5000 英镑。明年咱们家的债务会增加到 20.5 万英镑。不止你一个会把债务和赤字弄混，政治家们也经常分不清楚。"

"这其中不会有什么圈套吧？政府肯定不能一直借钱——到头来钱还是得还呀。"

"我们一般认为借钱都是不好的，可政府借款兴许是个好主意。如果政府利用借款投资于促进经济增长的领域——如教育或基础设施——从长远看对经济是利好的。另外，政府不一定只盯着某个平衡预算，最好是将目标放在一个完整的经济周期的预算平衡上，在经济低迷期出现逆差，在经济繁荣期出现顺差。"

"政府应当通过预算支出摆脱经济衰退吗？"

"有的经济学家认为财政刺激从来不是一个好主意。他们指出，乘法效应被夸大了，财政支出对经济的影响远没有支持者宣传的那样大。不过大部分经济学家认为，至少从理论上来说，政府采用逆周期财政政策（即在经济衰退期借款消费）是个好主意。不过说起来容易做起来难。我来简要地向你说明逆周期财政政策可能存在的3个问题。你说过，你不懂政治家们为什么要遏制经济发展，第一个问题的解释可以解答你的疑惑。"

"我的智慧是没有深度的。"

"谁说的话我们爱听，我们就把票投给谁。逆周期财政政策背后的想法是，在经济衰退期，人们会增加消费；在经济繁荣期，人们会减少消费。问题在于，在经济繁荣期，面对公众压力，政府很难控制消费。毕竟，谁会宣传减少在医疗服务上的支出？这意味着出现必然的经济衰退时，几乎没有经济迅猛发展的空间了。经济不景气时，政府实际上不得不减少支出，可提振经济所需的却恰好相反。2007 年经济危机过后，英国联合政府颁布的灾难性的经济紧缩计划产生了破坏性的影响。经济复苏本来需要资金的注入，可一心减少贷款的政府却大幅削减了公共服务预算。"

"逆周期政策若能像宣传的那样奏效，才是解决问题的根本。不要在经济出现不景气的时候负债累累，这一点很关键。"

"嗯，有道理。"

"还需要注意的是，采用财政刺激政策时，要确保经济确实处于低迷状态。如果没有闲置的生产能力——人们在找工作，工厂忙着扩建——那么政府支出将不可避免地催生通货膨胀。"

"财政刺激政策存在的第三个问题在于它的形成需要时间。政治家们先得达成共识，然后找到适合投资的项目。等他们把这些事做完，说不定经济衰退已经过去了。现在的情况则不一样，新冠疫情期间是公认的特殊时期，因此财政刺激政策颁布的速度创下了历史纪录。减税的见效过程通常要快得多，不过咱们讲过了，由此增加的收入可能会被存起来而不是花掉，从而让现实背离了减税的初衷。"

"好了，蒙迪，关于财政政策就讲到这儿。咱们到美容院了，他很快就会把你打扮得漂漂亮亮的。"

"好，不过你得告诉他不要给我弄蝴蝶结。我最讨厌蝴蝶结了。"

"你说了算。"

第十五次散步（下）
货币政策

趁着蒙迪正在做头发，我去买了点东西。等我回来接他的时候，发现他的样子看起来有点像变装皇后。他顶着一头吹干后蓬松的头发，上面果然别了个蝴蝶结，而且还是粉色的。我等着他的小脸上浮现出狂怒的表情，但他却表现得出人意料的平静。他要么刚参加了一场放纵的鸡尾酒会，要么还根本没来得及照镜子。我决定什么也不说。

我们往回家的路上走。我问他："你觉得世界上最重要的人是谁？"

"当然是你。"

"太暖心了，蒙迪，不过我觉得大部分人会回答是首相、总统那些手握大权的人。有充足的理由认为，真正重要的人是杰罗姆·鲍威尔（Jerome Powell，美联储委员会主席）、安德鲁·贝利（Andrew Bailey，英格兰银行行长）和克里斯蒂娜·拉加德（Christine Lagarde，欧洲央行行长）。"

"从没听过这些人的名字。"

"这些人决定了你能否轻易找到工作，抵押贷款贵不贵，贷款买车有多困难。他们都是央行的负责人，负责制定货币政策。

货币政策是政府用来影响经济的另一个主要杠杆。货币政策最容易理解的部分是利率（咱们会慢慢过渡到其他更复杂的部分）。如果央行行长们担心经济正陷入衰退，就会下调利率；如果他们想抑制经济过快增长，就会提高利率。记住，利率是我们贷款的成本。利率越高，贷款的成本也越高。公司和家庭会根据贷款成本的上下浮动来调整支出。财政政策需要找到适合投资的项目；相比之下，货币政策的颁布比你偷一根冷香肠都来得快。"

"啊，你刚才在说冷香肠？"

"不好意思，又是在打比方。"

"讨厌。不过话说回来，到底什么是央行？"

"大部分发达国家得出的结论是，货币政策不应受政治干涉，出台货币政策的工作由央行来做。美国的央行是联邦储备委员会，欧洲的央行是欧洲中央银行，我们国家的央行是英格兰银行。央行通常有两大任务：第一，维护金融稳定。有种时髦的说法是，央行维持金融管道的运行，让你能消费和转账。央行监督位于商业街的银行，扮演最后贷款人的角色。不过我想在这里讨论的是央行控制通货膨胀的方法。"

"他们是如何创造奇迹的？"

"不同国家的央行做法不尽相同，不过基本原则大同小异。央行决定流通货币量以及贷款的成本（利率）。"

"我明白了。控制通货膨胀的就是他们？"

"对。如果不负责任的政府要求央行印制大量钞票，使过多的货币追逐过少的商品，20 世纪 20 年代的魏玛共和国或之后的委内瑞拉已经告诉我们会产生什么后果。因此，英格兰银行的货币政策目标是保持通货膨胀率低位稳定运行的同时，管理货币供应。"

"嗯，货币供应——我感觉自己应该能明白这是什么意思，但又不清楚具体的意思。"

"货币供应指流通的货币总量，不仅包括纸币和硬币，还包括存在银行随时可以提取的钱。流通的货币量最终要取决于央行政策。"

"嗯，你说的是定义，具体来说呢？"

"英格兰银行通过两种方式影响货币流通量和贷款成本。第一，央行制定贷款给商业银行时收取的利率。第二，央行通过量化宽松政策购买债券以降低存款和贷款利率。我来解释对你来说更容易理解的第一种方式。'银行贴现率'是英格兰银行给商业银行持有的央行储备金支付的利率。这是英国最重要的利率，也叫英格兰银行基准利率或者就叫'利率'。基准利率影响各银行确定在货币市场相互贷款的利率。每天我们的银行账户上都会有各种进账和出账。银行会结算最终的进账和出账差额。有时进账小于出账，有时则大于出账。银行通常会马上通过借款或贷款的方式平衡结算。如果银行能从央行或其他银行那里以更低的利率借到贷款，就能以更低的利率将钱借给顾客——个人和公司。利率越低，希望且能够向银行借款的人也越多。银行放款越多，市场上流通的货币也越多。"

"我检查一下自己听懂了没有。你说如果英格兰银行定的利率较低，贷款成本也更低，这样一来商业银行会将更多的钱借出去，从而增加货币供应。我们有了更多的钱消费，经济也会得到改善，因此这是件好事？"

"理论上来说是的。问题在于，2008 年金融危机过后，央行一直在调低利率，降至几乎接近零的水平，可经济并没有因此复苏。于是央行开始探索新的方法，其中便包括量化宽松政策。量化宽松政策是指央行创造出电子形式的货币（央行并不会印制货币，而是将一些数字输入电子表格），并用这笔钱从商业银行和其他大型金融机构那里购买金融资产（主要是政府债券）。量化宽松政策背后的理念是，央行购买资产后，银行便有了更多可以借给企业的现钱。人们希望这一政策能拉动经济增长。"

"我来解释一些术语。人们在谈到量化宽松时用的是'资产购买'或'扩大资产负债表规模'等说法。本·伯南克（Ben Bernanke，美国联邦储备委员会主席）称之为'信贷宽松'。"

"他们为什么要取这些奇怪的名字？故意让别人听不懂吗？"

"愤世嫉俗的人会说这正是他们的用意。货币流通离不开人们对货币的信心。印制钞票常被看作是失败国家拯救经济的最终手段。央行一旦宣布印制钞票的决定，人们可能会逐渐对货币失去信心。不过，你仍然可以证明印制钞票的合理性……"

"等等，你总说印制钞票是个糟糕的主意。"

"适度才是硬道理。货币的数量论告诉我们，钞票印得越多，有了更多的货币追逐数量不变的商品，长此以往，物价会开始攀升。但随着生产能力的提高，在投入不变的情况下，生产的商品更多，那么货币供应量一定范围内的增加很可能是可取的。如果金融机构希望通胀率为零，应当努力实现货币供应的增加与经济增长完全同步。如果他们希望通胀率保持低位，应当努力实现货币供应量增加的速度比经济增长率刚好快一点点。还有一种观点认为，当经济出现衰退或萧条迹象时，短期来看，增加货币供应量能刺激经济，前提是不要增加过多。"

"这听上去有一点儿，怎么说呢，让人犯迷糊。量化宽松的实际影响是什么？"

"人们对此有不同看法。不少人认为，金融危机过后，人们普遍害怕社会即将陷入可怕的经济崩溃，量化宽松政策使人们不再恐慌。它总比什么也不做要强，至少帮人们远离了一次新的经济大萧条。对量化宽松政策会带来通货膨胀的担心是没有根据的，人们不会直接跑到商店疯狂购买消费品。不过，倒确实有人购买了房地产一类的资产。资产价格的上涨不会在消费价格指数中体现出来，因此通货膨胀率仍然保持低位。"

"你的意思是量化宽松（或印钞票）不影响消费价格指数，却会提高资产价格——它不是通货膨胀应对措施的一部分。这难道没有误导性吗？"

"确实如此。英格兰银行通过分析量化宽松政策的影响后得出结论：没有量化宽松政策，许多公司会倒闭。量化宽松政策提振经济、提高工资、降低失业率，这是它好的方面。"

"不好的方面是？"

"我刚才说过，房地产和股票一类的资产价格上涨对已持有资产的人（年纪大的、有钱的）是好事，可对那些想购置第一套房或存钱为将来打算的人（年轻的、没钱的）来说就未必如此了。新冠疫情发生后又出现了新一轮大范围量化宽松政策。有人担心它从最初的应急措施变成了一种惯例。它允许政府不断借钱而不面对本身的债务问题。"

"最后的结论是什么？"

"一提到量化宽松政策，我就莫名地紧张。杰出经济学家约翰·凯（John Kay）认为，超低利率政策导致了资产价格膨胀，使很多人买不起房，不愿做长期储蓄。用他的话来说，2008 年以来货币政策的主要影响是将财富从那些已不可能持有长期资产（实物资产和金融资产）的人手里转到已经持有长期资产的人手里。"

"最大的问题是几乎没人明白什么是量化宽松政策，这么重要的政策却鲜有公众评论或批评。不光是民众，大多数政治家也不懂。极少数明白人对它的影响或价值也各执一词。尽管该政策有其弊端，但总比没有政策所带来的痛苦要好。"

"嗯，我觉得量化宽松政策挺奇怪的……"

"你要是觉得量化宽松政策奇怪，再听听我接下来要讲的现代货币理论。斯蒂芬妮·凯尔顿（Stephanie Kelton）是现代货币理论的最佳代言人。此理论的基本观点是：政府应首先决定财政开支的内容，然后按需印制钞票。"

"啊？这和你说的不是完全相悖吗？怎么解决通货膨胀？还有……还有……人们得用满满一推车的现金买一块面包？"

"凯尔顿等现代货币理论的推崇者并没有忽略通货膨胀的重要性。他们的观点是，只要存在闲置的生产能力或待业的劳动力，现代货币理论就不会导致通货膨胀。哪怕通货膨胀确实已经出现，政府仍然可以通过减少开支轻易控制通货膨胀。另一种理想的状态是，通过向富人征税消化掉导致通货膨胀的过剩消费能力。"

"嗯……也不是没有道理。反对的理由呢？我认为是有的……"

"你应该已经看出来了，现代货币理论通常是左派政治家推崇的政策，自然不会受右派政治家欢迎。右派政治家认为，现代货币理论是国家夺取市场权力的做法。批评者们拒绝承认在现代货币理论指导下，通货膨胀确实可以被控制，这让我们又回到了通货膨胀只不过是一种隐性税收的论点。"

"批评者们还提出，在现实世界中，通过印制钞票为政府融资的项目不仅利用闲置劳动力和工厂，还会不可避免地从私营部门抽取劳动力和原材料，从而再次为通货膨胀创造条件。"

"还有一个强大的反对理由认为，如果主权国家过于积极地推行现代货币理论，这些国家会很快发现从别的国家借不到用本国货币结算的外债了。这就是为什么希腊开始使用欧元，委内瑞拉欠了大量美元外债。"

"你怎么看？"

"如果说量化宽松政策让我感到不舒服，现代货币政策简直把我吓得魂都没了。不过我倒是没觉得两种政策有多大区别，它们之间存在交集。凯尔顿说过，现代货币政策认为，在不引起通货膨胀的前提下，政府可以，也应该印制钞票。这似乎和量化宽松政策不谋而合，两者只有程度上的不同：货币供应量增加多少以及如何增加货币供应量——间接通过银行，还是间接通过财政开支。"

"我好像跟不上了。今天的课上讲的是政府如何控制货币的流通量。政府可以采用财政政策，它跟征税和消费有关；政府还可以采用货币政策，它跟利率和印制钞票的多少有关，或者通过量化宽松政策给市场注入流动性。财政政策和货币政策由政府和央行负责，以帮助经济走出衰退，避免经济萧条。我说得差不多对吗？"

"说得很好，蒙迪。我们快到家了，来总结一下吧。直到20世纪60年代，凯恩斯主义一直占据主导地位。这种观点认为，财政政策是应对经济衰退的最佳手段。在需求疲软的情况下，财政支出能帮助经济走出衰退，甚至从一开始就能避免经济陷入衰退。20世纪70年代，凯恩斯主义不再盛行。广泛采纳了凯恩斯主义理念的欧美经济停滞不前，经济增长缓慢，通货膨胀和失业率居高不下。"

"改变势在必行。在英国撒切尔政府和美国里根政府的带领下，货币主义成为被人们普遍接受的新观念。货币主义认为，低利率能鼓励人们通过消费或投资带动经济增长。"

"进入21世纪后，利率下调到历史新低。金融危机之后，央行'弹药'所剩无几。利率已下调至几乎为零，可消费者和投资者仍然没有购买和投资的意愿，用凯恩斯的表达便是：利率已变得'不切实际'。因此，央行开始探索包括量化宽松在内的更激进的货币政策。记住，货币并不是真正的财富。现代法定货币之所以有价值，只是因为人们出售实物时愿意接受它。任何法定货币的价值在于它的稀缺性。可以说，如果政府没有大幅增加财政开支、降低利率或采用量化宽松政策，经济危机会变得更糟，更多的人会因此遭受痛苦。"

"好了，放轻松。咱们终于到家了。"

"呃，还有一件事。那儿有只腊肠犬用奇怪的眼神看着我。我敢肯定他……他……他在笑话我。"

我飞快地扫了一眼蒙迪头上的粉色蝴蝶结。

"别瞎想了，蒙迪。"

第十六次散步

全球化：国际贸易为何

使我们更富有

本次散步的话题：全球化的 3 个阶段。保护主义：它会让实力雄厚的公司好逸恶劳，还是给了初始产业成长的空间？为什么自由贸易可以带来双赢（它允许专业化、规模经济和竞争）。自由贸易的弊端有哪些。最后，自由贸易对货币和人口流动意味着什么？

蒙迪发疯似的狂叫只有一个原因：你猜着了，邮递员来了，只不过在 2021 年的今天，邮递员换成了快递员。他递给我一个软软的包裹，我知道里面装的是什么了。

我说："蒙迪，这是给你的。"

他激动地嗅了嗅包裹，很快便失去了兴趣。他知道是什么了。

我打开包裹，交给蒙迪一件崭新时髦的璞驰［（Pucci，相当于狗狗时尚界的古驰（Gucci）］外套。

"当然啦，给我买的。跟芥末和热狗搭配一个感觉。"

"好啦，不管是给谁买的，咱们出门好好炫耀炫耀。"

"今天有点儿累，我这老腿不太得劲。"

"别担心，我们就沿着商业街来回走走，我知道今天讨论什么合适。"我边说边看着外套上"中国制造"的标签。

5 分钟后，我们已经出门了。今天是个感觉清爽的晴天，穿着新外套的蒙迪看起来既利落又暖和。

"你打算说些什么？我希望你有个总体规划。"

"蒙迪，这件暖和的外套能穿在你身上还挺不容易的。既然这次差不多是咱们最后一次散步了，我就来讲讲全球贸易吧。"

"最后一次？你是不是有什么事瞒着我？"

"哦，我不是说以后不散步了，我说的是以后散步就不讲经济学了。"

"吓我一跳。全球？听上去挺有意思的。"

"是的。到目前为止，我们的讨论范围主要集中在欧洲和北美，难免有些偏狭。这件时髦的新外套告诉我们，如今不管你买什么，一罐豆子也好，一辆电动车也好，你其实已身处遍及整个世界的交易网络中。只有偶尔出现差错时你才会意识到这一点。"

"说来听听。"

"2021 年 3 月 23 日，世界上建造的最大的货轮之一'长赐'号货轮横向卡在了苏伊士运河中，就像一块鸡骨头卡在了一只小狗的喉咙里。"

"别让我想到这个——简直太恐怖了。我这辈子再也不碰肯德基的东西了。"

"求你别一看到路上吃的东西就扑过去行吗？"

"狗得有个狗的样子。"

"话说回来,重达 20 万吨的'长赐'号货轮搁浅了整整 6 天。此次事故成为全球化问题的隐喻。约有 12% 的全球贸易路径经过苏伊士运河,'长赐'号货轮搁浅的每一天造成的贸易损失高达 70 亿英镑。"

"真是糟透了。他们不能把船拉出来吗?像你把那根讨厌的骨头从我的食道里扯出来一样?"

"他们试过了,花了整整 6 天时间。"

"这场灾难是谁之过?"

"如果你问的是'谁是'长赐'号货轮的所有者',那这不是一两句话就说得清楚的,不过答案揭示的正是全球贸易的本质。'长赐'号货轮由一家日本造船厂制造,之后被承租给了一家中国台湾的公司,由一家德国船舶公司运营,但它既非日本的,也非中国的或德国的。船身悬挂巴拿马国旗,因此它受巴拿马法律制约。货轮上的船员大都为印度籍。信不信由你,以国际航运的标准来看,这艘船的背景还算相对简单的。1999 年,'埃里卡'号油轮在布列塔尼(Brittany)海岸附近沉没,给周围水质造成严重污染。调查人员花了几周的时间才从背后 12 层不同的控股公司里找到油轮的最终所有者。"

"'长赐'号货轮不仅是全球化的隐喻;咱们之后还会学到,

运输类成本，尤其是航运成本低廉，已成为全球化的主要推手。"

"全球化？它到底是什么意思？"

"全球化是一种说法，用来描述我们生活的世界日益相互依存、紧密联系。在今天的课上，我说的全球化主要指全世界商品和服务的流动。"

"也就是国际贸易？"

"是，它还指货币和人口在全世界的流动。观点和文化的流动也是全球化的一种，相对来说形式更为随意。"

"好的，说吧。你肯定有个计划——今天散步的议程是什么？"

"咱们先从历史说起。贸易由来已久，我之前提过，人类开展长距离的交换和贸易已有几千年的历史。四千年前，船只将中国台湾的玉石运到菲律宾，在那里被加工成珠宝，再被交换给其他岛屿上的居民。现在的贸易不同之处在于交易量和折价交易的内容。全世界出口量比起 1913 年增加了 40 倍以上。[1]"

"新的观点认为，全球化共分为 3 个阶段。第一个阶段从 1870 年前后到 20 世纪 20 年代末，商品（几乎同样重要的信息）在全世界的流动成本更低、更便利。第二个阶段从 1929 年到第

---

[1] 以上数字按照不变价格（消除通货膨胀影响后的价格）估算，参照了 1913 年的价值标准。——译者注

二次世界大战，全球化的脚步蹒跚不前。在经历了第一次世界大战和经济大萧条造成的巨大破坏后，许多国家走向政策内顾，采取了高度保护主义的政策。"

"保护主义者？"

"国家要么禁止某些商品的进口，要么对进口商品征收关税。进口商品更贵了，但国内生产商得到了保护。第三个阶段出现在第二次世界大战结束后，国家重新打开大门，贸易量激增。两大技术进步带来了贸易的繁荣。现代货柜运输技术使商品的运输成本低廉到几乎可以忽略不计。制造商可以将工厂设在劳动力廉价的地方，由此多出来的极小的运输成本被节省下来的劳动力成本抵消。接着互联网出现了，它打破了国与国之间信息交流的界限。"

"保护主义成了阻碍因素？为什么有人还会支持保护主义？"

"在历史上的大部分时期，国际贸易被看作一种零和游戏。国家的财富多少就是其黄金储备量。各个国家都在想尽办法弄到更多黄金。人们认为，为了满足人们对黄金的欲望，国家出口商品越多越好，进口商品越少越好，于是便有了进口配额和关税。具有创新性经济思想的亚当·斯密提出，国家财富不取决于其持有多少黄金，而取决于其人民的生活水平。他认为，取消关税和进口配额后食物会更便宜，人们的生活水平会提升。当然，某些国内生产商会被淘汰，但他们可以转而进入英国的其他优势产业。"

"人们采纳了他的意见吗？"

"他的观点在英国很有影响力。《谷物法》的出台和废除正处于不同观点激烈交锋的时期。"

"《谷物法》？"

"1815 年，英国政府对谷物征收高达 80% 的关税。有权有势的土地所有者不愿意国外廉价的谷物进口到英国，给自己的利益带来损失，可真正受苦的是（贫穷的）消费者。局面愈演愈烈，最终造成农作物歉收和 19 世纪 40 年代末的爱尔兰土豆饥荒。英国人经历了粮食短缺，爱尔兰人填不饱肚子，低收入者甚至连面粉都买不起。为了不让给爱尔兰造成极大破坏的饥荒在英国重演，进口更便宜的谷物成为当务之急。1846 年，《谷物法》被废除，一个自由贸易的崭新时代开启，并成为 19 世纪接下来几十年英国经济政策的特点。"

"其他国家效仿英国开放贸易了吗？"

"那是很久之后的事了。英国当时是世界工业强国，能够承担开放的成本，而其他国家想要保护本国的初始产业。美国获得独立后，采取日益强硬的保护主义政策以此保护本国的制造业发展。直到第二次世界大战结束后，美国才开始开放自由贸易。德国同样通过设立高关税壁垒保护本国制造业发展。"

"我没有理解错的话，保护主义是不好的，为什么还有人支持它？"

"一种合理的解释是，进口保护帮助发展中国家发展新产业。19 世纪的德国和美国、20 世纪的日本和韩国正是这样做的。不过你得十分小心。从《谷物法》的例子中可以看出，保护主义的成本一般由低收入者承担，富人得到好处。另一种形式的保护主义是给予国内生产商财政补贴。欧盟和美国都给过国内农业生产大量财政支持，但大部分补贴流向了最富的农场主。2019 年，美国 1% 最富的农场主拿到了全部补贴款的近 25%。你不得不发出疑问：关税究竟帮助的是谁？这些人真的需要帮助吗？"

"目前来看，全球化有利有弊。你似乎认为全球化利大于弊。"

"正准备说这个。李嘉图是最早论述全球化好处的经济学家（还记得他吗？我们之前提过他），提出了比较优势理论。这一理论的基本观点是，各国应根据自己的优势进行专业化生产：法国生产葡萄酒，苏格兰生产威士忌，意大利生产布料，沙特阿拉伯生产石油。生产自己最擅长生产的产品，然后进行交易。'绝对优势'的概念很容易理解。如果我更擅长生产狗项圈，你更擅长生产狗皮带，那么我在生产狗项圈方面具有绝对优势，而你在生产狗皮带方面具有绝对优势。显然，我应该把所有时间花在生产狗项圈上，而你应该把所有时间花在生产狗皮带上，然后我们交换产品。不过我要是两个方面都比你更擅长呢？这虽然有点儿不合常理，但专业化生产和交易仍然是更好的选择。"

"哈——我不是太明白。"

"这就是比较优势的第一个观点。布朗大学的埃米莉·奥斯特（Emily Oster）举过一个关于她和丈夫决定如何分担家务活的有趣例子。她几乎在所有的家务活方面都更胜一筹——尤其是做饭和洗碗，但她做饭擅长得多（比方说擅长 10 倍），洗碗只擅长一点点（比方说擅长 2 倍）。可以说，她在做饭方面具有比较优势，她的丈夫在洗碗方面具有比较优势。就提高效率而言，没必要让两人平等分担做饭和洗碗的家务活。她应当把所有的时间花在做饭上，而她的丈夫应当把所有的时间花在洗碗上。"

"这种判断同样适用于国际贸易。即使某个国家在所有方面都比另一个国家更擅长，只专注于生产自己最具优势的产品仍然是更有效率的办法。和人一样，国家也应该将目标放在自己最擅长的领域，再交换得到所需的其他产品。专业化从根本上提升了生产效率。专业化使国家更具生产力，交易为专业化创造条件。"

"比较优势的第二个观点是，贸易扩大市场规模，更大的市场规模使公司可以将固定成本分摊给更多产品。打个比方，我在纽卡斯尔（Newcastle）运营着一家生产船用发动机的工厂。某些成本是固定的，比如发动机的设计。如果市场面向的是英格兰东北部地区，那么固定成本将会占整个生产成本相当大的比例。如果市场面向的是整个英国，工厂能卖出的发动机要多得多，设计发动机的成本被分摊给了更多产品。如果市场面向的是整个世界，工厂在拥有更多客户的同时还不用增加固定成本。"

"比较优势的第三个观点是，全球化加剧竞争。我的船用发动机工厂不仅在与其他（比如运营不善）的国内公司竞争，还与全世界的同类公司竞争，这就是一种创造性破坏。事实证明，中国生产的船用发动机比我在纽卡斯尔生产的更物美价廉。我的工厂破产了，可整个行业的生产效率却因此提升，船用发动机的消费者成了赢家。创造性破坏有时也被称为资本主义的分选机制。随着新科技和新公司更新迭代，创造性破坏成为给人类带来福祉的巨大力量。"

"最后是政治观点，有时也被称作'和气贸易'（意为温和、平静的贸易）命题。它认为贸易推动容忍、多元主义、互惠和合作等自由价值。这一论点催生了美国在第二次世界大战后采纳的自由贸易政策，也推动了欧盟的成立。正如1950年的《舒曼宣言》所言，欧洲一体化旨在'使（欧洲内部）战争不仅是不可想象的，而且在物质上也是不可能的'。"

"嗯，很有说服力。全球自由贸易提高了经济效率，还有你说的让世界更和平。但你也提到了批评者的声音……"

"自由贸易也许能做大经济蛋糕，但这并不意味着每个人都能马上分到更多蛋糕。"

"我们又回到了赢家和输家的话题了，对吗？"

"对。从理论上来说，政府给予输家补偿，每个人仍能过上不错的生活，但实际上并非如此。"

"谁是输家，没分到蛋糕的那些人吗？"

"由于从事的产业不敌与国外同行的竞争而失业的工人，尤其是低技能工人，比如纽卡斯尔船用发动机工厂的工人。看看简斯维尔（Janesville）的例子你就明白了。"

"在简斯维尔发生了什么？"

"1919 年，通用公司在威斯康星州（Wisconsin）的简斯维尔开设工厂。2007 年，奥巴马在简斯维尔工厂发表了关于汽车工业的振奋人心的演讲。（'这家工厂还会继续存在一百年'）。2008 年，工厂关闭。究其原因，除了石油价格上涨、金融危机后美国经济的疲态，还有来自欧洲和远东汽车制造商的竞争。由于汽车工厂关闭，生产汽车座位的工厂也跟着关闭。有的工人在当地找的新工作的薪水不到从前的一半。其他工人则要通勤 270 英里到另一家通用汽车工厂上班。人到中年还得从头再来，对他们来说是艰辛的，也是羞耻的。曾在通用公司工作的员工接受当地职业学院的再培训，但很多人甚至连电脑开机都不会。当他们发现就业指导师不接受手写文件时，不少人退出了再培训项目。"

"10 年之后，简斯维尔的失业率不到 4%。从数字上看似乎不算太糟，但没有失业的人薪水并不高，生活水平已不似当年。"

"*赢家和输家……可为什么全球化本会让这一切更糟？*"

"在全球贸易出现繁荣之前，大部分贸易是在经济情况相似的国家之间进行的——如美国和西欧国家，后来大批便宜的外国商品潮水般涌入各个国家。实际物价水平的下降对消费者来说是利好消息，可对某些产业来说却是打击。"

"不少经济学家低估了这一经济冲击。在社会保障体系还不完善的国家（比如美国），出现了政治上的强烈反应。我们要看到，这只是其中的一种声音。虽然（对有的人来说）有负面的影响，但瑕不掩瑜，消费者能买到更物美价廉的产品，有了更多选择。消费者购买力强了，可以创造大量新的就业机会。不过，哪怕今后工人的平均生活水平能上一个台阶，也无法安慰那些失去了工作的人。"

"*这样我就明白了为什么很多人不喜欢全球化。这是全球化唯一不好的地方吗？还有别的吗？*"

"有人认为全球化剥削全世界的低收入者。不少发展中国家的工作条件令人触目惊心。印度尼西亚的工人缝制运动鞋，每小时赚 60 美分，这让很多人感到心里不舒服。我们当然应该为这些工人争取权利，使他们拿到体面的工资，在人性化的环境中工作。"

"嗯，很难让人反驳，不是吗？"

"但这种观点也有一个问题：让印度尼西亚的工人不再做缝鞋的工作会让我们心里好受些，也无疑会让他们的生活艰难得多。我们在讨论不平等的时候对此有过提及。以我们的标准来看，这些工厂的工资和工作条件固然十分糟糕，可比起其他的选择来说仍然好得多。"

"跨国公司在本部以外运营的唯一原因是那里有廉价的劳动力。除劳动力外，在发展中国家运营工厂要难得多，成本也高得多。发展中国家唯一的竞争优势便是低廉的工资。剥夺工人的这一竞争优势相当于剥夺了他们发展的潜力。"

"经济效率和环境保护之间很可能存在平衡关系，而国际贸易能让这种平衡更易实现（富裕国家有符合更高环境标准的实力）。我认为，拒绝让穷国参与贸易，使他们深陷贫困的泥淖并非最佳解决思路。"

"咱们又回到了利弊的讨论，你的观点是全球化利大于弊。各国应该如何减少弊端？"

"相当多的人认为，各国应在鼓励自由贸易的同时保护输家。"

"怎么做？"

"值得推广的做法有很多，常规的包括为工人搬到新工作所在地创造便利条件；使工人接受再培训。受过良好教育、掌握灵活工作技能的劳动力更容易适应新环境。更激进的想法认为，全球化最大的受益者应当做出更大贡献。富人多交税，生活在底层的人少交税，以确保竞争失败者共享全球化带来的好处。"

"这次散步本来要讲如何应对狭隘的做法，可咱们还没提到穷国该做些什么。"

"有道理。剑桥大学的韩国经济学家张夏准对全球化进程中减少管制和反保护主义的做法进行了驳斥。他指出，富国告诉穷国要开放经济，而他们发展自身经济时走的却是相反的道路。现在有不少人认为，保护主义让公司好逸恶劳，但张夏准却认为，战略性保护主义是帮助穷国发展的必要手段。如果国内初始产业无法一开始就发展出足够的产能，将永远不可能有与别人展开长期竞争的实力。"

"张夏准的祖国韩国在 20 世纪 60 年代和 70 年代大力保护本国的新兴产业。中国政府也采用了相同的策略，并带来了经济增长。《中国制造 2025》助力中国经济转型。"

"穷国面临的第二个困难是补偿。我说过，大多数支持自由贸易的经济学家认可自由贸易会产生赢家和输家，认为只要我们补偿输家，就能带来双赢局面。问题在于，富国的福利制度能帮助本国的低收入者，可发展中国家的福利制度少得可怜，甚至根本不存在。关于自由贸易影响的讨论通常关注的是穷国的赢家和富国的输家，却忽略了穷国也有输家的事实。可口可乐公司进入你们的国内市场后，你很可能不愿意再为当地饮料公司工作了。"

"结论究竟是什么？我的新外套来自中国，由一个有小镇那么大的集装箱船运过来，这到底是件好事还是坏事？"

"要计算自由贸易的净影响相当困难。国际贸易能带来诸多好处，它使生产商进行专业化分工，通过扩大经济规模让商品更便宜。竞争能驱使公司提高效率，推广创新，帮助发展中国家获得更好的技术。一直以来，国际贸易都是改善社会的巨大力量。从长远来看，它提高人类福祉。不好的方面是，从长远来看，有些人不需要为自己的所作所为付出代价。工厂倒闭也好，某个产业被淘汰出局也好，给许多个人和群体带来的是无尽的伤害。"

"好的，谢谢。是不是该回家了？"

"差不多吧，还有一点没说完。蒙迪，咱们讲到了服务和商品贸易，这也是人们在谈论全球化时通常会想到的。不过你还需要考虑两个因素：货币的流动以及人们跨越边界的流动。咱们先看货币的流动。商品和服务在国家之间的流动其实也是货币的跨境流动。"

"不好意思，这些对我来说毫无意义。要是你继续这么说，我就把注意力转到那个肯德基纸盒了，里面的东西一定很好吃。"

"你敢！好吧，我尽量说简短些。我的意思是，2020 年，英国在国外的花费比它在国外得到的收入多出的部分占 GDP 的 3.5%。"

"你说的花费包括哪些部分？"

"问得好。经常账户差额主要反映的是（商品和服务的）出口总额和进口总额之间的差别。国家出现贸易逆差，也就是进口总额大于出口总额。严格意义上来说，经常账户还包括跨境投资收入；私人汇款，如侨居海外的工人给国内的汇款；官方转账，如国际援助。不过，这些只是经常账户的一小部分。把资金的各种流入和流出结算后得到的便是国家的经常账户差额。"

"比方说，如果一个国家出口了价值 500 亿英镑的商品和服务，进口了价值 1000 亿英镑的商品和服务，则需要给予交易对方需要的东西以弥补这 500 亿英镑的差额，如向国外借款进行储蓄或向国外出售资产。简言之，如果国家的消费超过生产，必须以某种方式填补亏空。英国存在经常账户赤字，说明别的国家正在积累英国的资产。"

"听上去挺让人担心的……"

"得分具体情况。为建立国内产业基础，国家会进口大量商品和服务，从而出现大量经常账户赤字，通过向国外贷款填补亏空。从长远来看，如果国家因此更具生产能力，且完全有能力偿还债务，那么这对于国家是件好事。其他国家也偏向于将钱借给发展潜力巨大的国家。美国在发展的起步阶段便得到了很多国外借款。但如果国家进口的商品多于生产的商品，却没有在提升未来生产效率的领域进行投资，则很可能会产生问题。和人一样，国家借款（出售资产或利用存款）为能带来收益的投资项目融资是个不错的想法，但如果借多少用多少，不为提高收入做规划，则会为之后的痛苦埋下隐患。账单总有到期的时候。蒙迪，这就是国际贸易对于货币的意义。咱们现在来说人的部分。"

"你指的该不是像奴隶制那样把人当成商品交易吧？"

"不是的，蒙迪，我指的是人口迁徙。经济学家们对自由商品和服务贸易的好处多有溢美之词，但人的部分呢？我们听到了不少抵制劳动力自由流动的声音。欧盟始终坚定不移地追求'四大自由'：商品、服务、资本和劳动力的自由流动，但这只是在欧盟内部的自由。除极少数例外情况，外面的新工人不允许进入欧盟工作。即使是欧盟内部的劳动力流动也同样导致了严重的问题，尤其是在英国，这也成了脱欧背后的推手之一。"

"从短期来看，移民确实会对工资和就业产生负面影响，对最穷的人而言尤为如此。从外面进来的新工人会增加已有的劳动力储备，公司也因此有了更多讨价还价的能力，工资减少成为必然。"

"然而，经济学家们认为这远非故事的结局。有了更廉价的劳动力，公司可以扩大规模、继续投资，这又会产生更多对工人的需求，工人工资也会相应增加。换言之，短期之内对工资的影响或许是负面的（要记住，'短期'可以指几年甚至几十年的时间），但从长远来看，当地工人的生活不会变得更糟。由于对劳动力自由流动的抵制是广泛的，劳动力总体而言还没有走向全球化。出于政治、文化和语言方面的原因，劳动力大体上仍在国家内部流动。"

"好啦，蒙迪，今天就说到这里。该回家了。"

"最后的结论是什么？"

"从长远来看，国际贸易会带来经济增长。消费者能买到更便宜的进口商品（记住降价相当于涨工资）。这拉动了商品需求，对其他经济行业工人的需求也会增加。但所有这些变化都要付出代价。"

蒙迪的腿肚子在微微发抖了。我蹲下身去，他顺从地扑到我的怀里。一路上我听到他发出轻轻的呼噜声。

第十七次散步

终点之旅

本次散步讨论的话题：经济学很难，毕竟它研究的是复杂的现象。虽然有时经济学会给出错误的答案，但它仍是我们理解现代社会本质的最佳工具之一。即使答案不一定正确，问题本身却一定是至关重要的。市场在满足我们所需方面极为高效，但它远不是完美的。市场虽然能为我们提供生计，却无法让我们拥有生命的价值。

"真的下雪了吗？"

我在考虑要不要带蒙迪出门去买点牛奶什么的。

哲学家望着窗外的街道说："还不完全是下雪，更像在下夹着雪的细雨，雨夹雪。"

"天太冷了，别把蒙迪拴在维特罗斯超市（Waitrose）门口。再说了，听说最近出现了绑架狗的团伙。"

"是的，我也听说了，刚好在想着这事呢。目前为止咱们给他看兽医的费用还不高，不过他现在年纪大了，以后的事就不好说了……"

"你在说些什么胡话？"

"最近出现了不少偷狗的事件，说不定能变成对咱们有利的事儿？"

"你是指……"

"没错。把他拴在超市门口，你尽管慢悠悠地逛你的超市。你逛完超市出来：'哦，蒙迪，你去哪儿了？'想想吧，我们曾见证过蒙迪最年富力强的岁月，他给我们带来了很多快乐。现在到了该'转让股权'的时候了，至少能为将来节省一笔没有回报的花费。要是他被那些偷狗的人给盯上了，他们会把他卖给一个新家庭，家里也许还有孩子。这家人会认识并爱上蒙迪。或者有一位有钱的老妇人，她是一个寡头政治家的寡妇，形单影只，想找个伴。她会宠着蒙迪，给他喂由专门的厨子做的甜食。如果这些人连买狗的高昂费用都付得起，更别提为狗雇个厨子了，他们也一定能为他的残年提供最好的兽医级服务。这是个三赢的结局。"

"根本没有兽医级这个词。他听得见你在说什么，你这个坏蛋。我这就带他出门，不过不是去维特罗斯超市。你自个儿去买牛奶给自己喝好了。"

正在这个时候，蒙迪轻轻地走进了厨房。他一会儿盯着我，一会儿又盯着哲学家，琢磨着这奇怪的气氛究竟是怎么回事。

"散步去。"我用轻快的语气说。

他并没有露出欢欣雀跃的表情。

"走，咱们去透透气。"

外面的空气确实很新鲜。

"咱们往教堂墓地那边走吧。"

我指的是汉普斯特德的那座漂亮的 18 世纪的圣约翰教堂（church of st John）。在整个伦敦，很少有别的地方比这儿更适合坐下来思考问题以及与你的狗聊天了。我俩曾每天在送孩子们上学的路上经过这儿，那时的我们比现在年轻多了。

"哦，好呀，我喜欢那个地方。不过我这老腿……你能抱着我吗？"

"没问题。"

我蹲下身去把他抱起来，塞在我的外套里面，好让他不被雨夹雪淋着。我们出门了。10 分钟后，我们来到了教堂。刚一走进教堂大门，时间仿佛凝固了一般。伦敦从眼前消失，我迷失了方向，在这个寒峭的仲冬时节，在这片绿色的幽静之地。我把蒙迪放下来，他抽了抽鼻子，跑去撒了个尿。然后他转过头看着我，我再次把他抱起来，让他坐在我的膝上。我现在坐在全伦敦我最喜欢的那条长椅上。长椅的一边安放着约翰·康斯特布尔 [1]（John Constable）的墓穴，围墙之外的远处便是伦敦金融城，一片忙忙

---

[1] 19 世纪英国伟大的风景画家，作品多表现宁静的乡村田园生活。——译者注

碌碌、熙熙攘攘的景象。

"这是咱们的最后一次经济学课了，我的朋友。"

"没关系。别指望我总结所有学过的知识就行。"

"好，那我来试试好了。我想要告诉你的是，经济学既相当重要，又无比复杂。要是你认为某些经济学现象一眼就能看出来或很容易理解，这很可能是你的误解。H.L. 门肯（H.L.Mencken）有句名言：'任何复杂的问题都有一个简单、直接的错误答案。'"

"哈。"

"经济学研究涉及两个复杂的层面：全宇宙最复杂的人类大脑；几百万个人的大脑在市场中建立的相互联系。因此，我在课上给出的所有答案都是暂时性的，而非绝对的，得给它们加上各种特别说明和限定条件。不过我希望这些课能启发你对经济问题的思考。"

"行啦行啦，这些我都懂。拣要紧的说。"

"好的。和哲学家不同，我是市场的拥护者，支持商品和服务的自由交换。不过，我并不主张极端自由市场：当国家出手监管，扮演诚实公正的中介角色时，市场运转会达到最佳状态。运转良好的市场充满着吸引力。专业化和创新带来了生产效率的极大提升，两者均依赖于市场。只有通过交换得到需要的其他商品时，才会产生专业化（毕竟 4800 枚大头针对制造大头针的人有什么用呢？）。只有将发明成果卖给别人，换来需要的东西时，创新才有意义。谁会花那么大的力气设计一款只给自己用的烤面包机呢？"

"创新、专业化和市场使人类财富和福祉得到了前所未有的提升，我们因此逃离了由人口增长带来的马尔萨斯陷阱，即贫穷、饥饿和疾病的恶性循环。"

"现代社会几乎一切让我们感到舒适和愉悦的东西都是市场给予的：烤面包机等家用电器解放了我们的双手；电话、电视和游戏机让我们的生活不再乏味无趣。没有了人与人之间令人惊讶的自由交易网络，这一切将是不可想象的，而市场在其中起到了推波助澜的作用。"

"自由市场还有一种道德力量——不仅帮助人们远离贫困和饥饿，还被看作个人自由的象征。市场使个人选择变得神圣。没有一种中央权力能替你决定你想要什么、买什么或生产什么。"

"关于自由市场，我认为还有一点，我想以此作为结束。哪怕像我这样支持自由市场的人也明白，市场能带来的好处——经济进步、金融保障和科技发展——固然重要，但并不是一切，甚至远不是一切。我们珍视的大部分东西和交易网络根本挨不上边。友谊、爱、美、信仰、善意、仁慈，这些是一个爱狗之人所能给予一只狗的——"

"也是一只狗所能给予一个人的！"

"谢谢你，蒙迪……我说到哪儿了？"

"你有多爱我……"

"是的，我爱你，我的爱是无法用市场价值衡量的。"

"你有没有意识到，这正是哲学家想要说的？"

"啊？"

"你们在厨房里说把我留在维特罗斯超市门口好让人来偷走我的那些胡话。哲学家和你说的其实是一个意思，只不过表达方式不同，他这么说只是想让你明白把理性思维用在我这只老狗身上有多荒谬，什么把我看成一种成本，一种和牛奶无异的商品之类的。"

"嗯，也许你说得对。"

"你知道我说得没错。"

我亲了亲他白色的头顶。

"你觉得能自己下山往回走吗？"

"还是和平时一样。要是我累了，你会抱着我吗？"

"永远会。"